# 魅力节日话育人

郎晓远题签

# 魅力节日话育人

曾军良 著

科学技术文献出版社
·北京·

图书在版编目（CIP）数据

魅力节日话育人/曾军良著. —北京：科学技术文献出版社，2022.7
ISBN 978-7-5189-9090-0

Ⅰ.①魅… Ⅱ.①曾… Ⅲ.①节日—风俗习惯—中国—通俗读物 Ⅳ.①K892.1-49

中国版本图书馆CIP数据核字（2022）第061936号

## 魅力节日话育人

策划编辑：孔荣华　　责任编辑：吕海茹　　责任校对：张　微　　责任出版：张志平

| 出　版　者 | 科学技术文献出版社 |
|---|---|
| 地　　　址 | 北京市复兴路15号　邮编　100038 |
| 编　务　部 | （010）58882938，58882087（传真） |
| 发　行　部 | （010）58882905，58882868 |
| 邮　购　部 | （010）58882873 |
| 官方网址 | www.stdp.com.cn |
| 发　行　者 | 科学技术文献出版社发行　全国各地新华书店经销 |
| 印　刷　者 | 北京虎彩文化传播有限公司 |
| 版　　　次 | 2022年7月第1版　2022年7月第1次印刷 |
| 开　　　本 | 710×1000　1/16 |
| 字　　　数 | 151千 |
| 印　　　张 | 11 |
| 书　　　号 | ISBN 978-7-5189-9090-0 |
| 定　　　价 | 65.80元 |

版权所有　违法必究

购买本社图书，凡字迹不清、缺页、倒页、脱页者，本社发行部负责调换

# 前 言

中国是一个有着五千年悠久历史的文明古国，有着厚重的文化底蕴。中华传统文化是中华民族人文精神的积淀，是我们的民族之根和精神之魂。农耕文化、游牧文化和海洋文化在中国历史发展过程中相互碰撞，与新时代的改革创新文化相互融合，形成了新时代中华民族五彩缤纷的魅力节日文化，蕴涵着人们的特殊情感内涵和文化价值需求。中华民族五千年文明之所以生生不息，在于民族的亲和力和凝聚力。这种亲和力和凝聚力有很多是靠我们民俗维持下来的。节日带给人们一种自发的情感，形成一种无形的力量。挖掘节日文化的内在价值，整合节日文化的系列资源，必将凸显《魅力节日话育人》一书的时代使命与教育意义。

中华文明源远流长，在浩瀚的历史长河里，不仅形成了博大精深的民族文化，而且孕育出许多中华儿女特有的节日——春节、元宵节、清明节、端午节、七夕节、中秋节、重阳节，等等。无论是纪念屈原的端午节、期盼家庭团圆的中秋节，还是辞旧迎新的春节，每一个民族节日都记载了一个故事，一个传说。这些迷人的故事、美丽的传说都是中华文化的重要内容，是古人丰富的社会生活的记录，同时承载着中华民族的精神追求。其所蕴含的原始信仰、祭祀文化、历史地理、天文历法等人文与自然知识，是中华民族文化的升华结晶。作为炎黄子孙，身为龙的传人，我们更应熟悉这些影响中华民族几千年的文化节日，挖掘其深深的文化价值、精神力量、教育意义。

中华传统节日文化是构建社会主义核心价值观的重要基石。中国传统节日久经沧桑，经历数千年的演变，凝聚着历代劳动人民的聪明智慧，以群众喜闻乐见的形式传延不衰；以多彩多姿的民俗文化，令华夏子孙世代陶醉和向往；

以约定俗成的民间礼仪，陶冶和锤炼着民族的品格和个性；以欢乐祥和的氛围，弘扬着民族的美德和精神。其传承民族之血脉、提振民族之精神、强化民族之记忆、激发民族之情感，协调人与自然关系之和谐，是构成社会主义核心价值观的重要内容。

中华传统节日凝结着深厚的民族精神，承载着中华民族的文化血脉和思想精华，是中华优秀传统文化的重要组成部分，也是涵养中华文化自信的重要载体。中华传统节日文化是中华灿烂文化的时间脉络，是宣扬中华美德的必要方式，是发扬新时代中华文化的重要根基，是维系祖国统一、民族团结、文化认同、社会和谐、家庭和睦的精神纽带，是铸牢中华民族共同体意识的重要路径，是中华民族生生不息的不竭动力。

中华传统节日文化代表着中华文化的特质，寄托着关于民族情感最温情的呵护与敬意。不同地域、不同年龄、不同社会身份的人们，在庆祝相同传统节日的过程中，实现了关于民族情感与人文情怀的殊途同归。尽管传统节日有着丰富的文化内涵，却被人们日益淡忘，尤其是少数年轻人，受工业化、城市化、商业化等因素的冲击，热衷于过圣诞节、情人节等"洋节"，而有些传统节日沦为了"放假"的代名词，传统节日出现了淡化与式微的趋势，有识之士甚至发出了"抢救传统节日"的呼声。因此，纪念中华传统节日，强化传统文化教育，对于传承中华优秀文化以及蕴含其中的民族精神，具有重要的现实意义与深远的历史意义。

笔者创作《魅力节日话育人》一书，旨在弘扬中华优秀传统文化，唤起同宗同源的民族情，增强文化同根的亲和力，让更多的年轻人，尤其是让全国广大青少年学生认识和回归传统节日，体会中华民族独特的生活方式和文化取向，有利于推进"五育并举"和整体育人，有利于实现全面育人、全程育人以及全方位育人。笔者创作本书的意义还在于挖掘本土独特文化，展现绚丽多姿的民俗风情，展示中华民族的节庆魅力，打造节庆魅力中国形象。本书以对中国节庆文化感兴趣的中外读者为对象，以魅力节庆活动为载体，向世界推广中国的传统魅力文化和现代魅力文化，让中国走向世界，让世界更了解中国，这也是我们融入全球化的一个标志。中国传统文化也对世界产生了巨大的影响。

限于篇幅，本书仅选取有文化社会意义的代表性传统节日，分别介绍节日名称、源流演变、传统习俗、历史典故、诗词文化与当今社会生活等内容，将历史与现实相结合，将宏观与微观相结合，将内涵与外延相结合，让读者能够全面领略它的独特的文化魅力与思想魅力，让中国传统文化的精髓在新时代依然散发出迷人的光辉。

《魅力节日话育人》一书，凝聚着笔者37年终身阅读的学养，来自于37年教育实践改革的智慧，力求文情并茂，通俗易懂，正确诠释中华民族文化的灿烂与辉煌，符合新时代广大读者的需求。希望本书能为中国非物质文化遗产保护工作者提供些许节日文化参考资料。本书的问世，若能对促进传统民族文化的传承与保护、彰显中华民族的节日魅力、推进中国文化的对外传播有所裨益，笔者将甚感欣慰。

"百里不同风，千里不同俗。"我国地域辽阔，南北东西跨度大，传统节日在各地的内容和形式可能有所不同，本书难以全面兼顾，如有不妥之处，在此恳请广大读者雅谅！

2022年4月5日

# 目 录

## ◎ 魅力节日

### 元旦
致全体"北实人"的新年贺信 ········· 002

### 中国人民警察节
忠诚铸警魂　建功新时代 ········· 006

### 春节
致全体"北实人"的春节慰问信 ········· 009

### 元宵
共贺"双奥"新春　书写"魅力"传奇 ········· 012

### 学雷锋日
"雷锋精神"永放光芒 ········· 016

### 国际劳动妇女节
争做新时代的巾帼表率 ········· 019

### 植树节
让"绿"成为生命的主旋律 ········· 022

### 国际消费者权益日
共促消费公平　守护市场安全 ········· 025

### 世界读书日
让阅读成为现代公民的新时尚 ········· 028

**国际劳动节**
劳动教育是创造幸福的教育 ……………………………… 033

**五四青年节**
让五四精神焕发新时代光彩 ……………………………… 040

**母亲节**
母亲是世间一切的荣光 …………………………………… 044

**国际儿童节**
让星星火炬永放光芒 ……………………………………… 048

**端午节**
粽情千古爱国心 …………………………………………… 051

**父亲节**
父亲是生命里的太阳 ……………………………………… 055

**建党节**
他们正奔走在魅力教育改革的新路上 …………………… 059

**抗日战争爆发纪念日**
伟大的抗战精神世代永存 ………………………………… 069

**建军节**
"八一"精神永放时代光芒 ……………………………… 072

**全民健身日**
让健康谱写人生乐章 ……………………………………… 076

**七夕节**
千年忠贞话"七夕" ……………………………………… 078

**中元节**
中华孝道说"中元" ……………………………………… 081

## 教师节
修炼语言是教师的必修课……083

## 中秋节
中秋时节话团圆……093

## 中国农民丰收节
稻花香里说丰年……096

## 孔子诞辰纪念日
像孔子一样做教师……099

## 国庆节
爱国主义是新时代的最强音……102

## 重阳节
最美莫过夕阳红……105

## 记者节
讴歌新时代　讲好新故事……108

## 国家公祭日
永记民族之殇　共圆复兴之梦……112

# ◎ "北实佳节"

## 春季开学节
铸创卓越品牌　彰显历史担当……116
新时代的校长要提升"十力"……119
给教师成长的十条建议……129

## 青春礼
相约美丽六月　演绎青春无悔……137

## 成人礼
冠礼十八志　心系家国情 ················· 141

## 毕业节
为未来生活做准备 ······················· 144

## 秋季开学节
做魅力"北实人"　圆精彩中国梦 ············ 152

## 校庆节
追寻红色记忆　激发奋斗精神 ··············· 154
百年香慈传伟业　十载魅力创辉煌 ··········· 159

# 魅力节日

# 元旦

## 致全体"北实人"的新年贺信

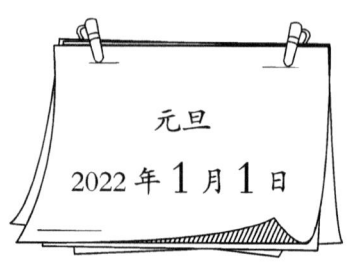

元旦
2022年1月1日

  "东风夜放花千树，冬阳总把青龙舞"。巨龙腾飞是中华民族的象征，凤凰涅槃是祖国母亲的化身。2021年的中国惊艳世界，中国富强促世界更美好。2022年的钟声已经敲响，新时代赋予北京实验学校（简称"北实"）新使命，新思想引领魅力教育新征程。从百年香慈到"北实"魅力教育集团，从全国科创中心海淀，到美丽渔阳平谷，再到魅力花都临夏；从京津"飞地"三河，到首都国际航空核心区顺义，新百年，新起点，"北实"业已跨入创建魅力教育集团卓越品牌的新时代。

  2021年是中国具有里程碑意义的一年。庆祝中国共产党百年华诞，更深层次地坚定了全党全军全国人民对习近平新时代中国特色社会主义思想的政治信仰；全国抗疫斗争取得重大战略成果，接连打了几场局部聚集性疫情歼灭战，充分展现了中国精神、中国力量和中国担当；中国经济率先实现正增长，成为全球唯一实现经济正增长的主要经济体，成为世界经济的引擎；脱贫攻坚决战决胜，全国贫困县全部摘帽，历史性地消除绝对贫困，创造了人类扶贫史上的奇迹；"十三五"规划圆满收官，符合预期；实现第一个百年奋斗目标，全面建成小康社会；北斗导航覆盖全球，神舟十二号载人飞船发射成功，中国首次发射火星探测器，实现火星环绕、着陆和巡视探测，中国科学家在磁性芯片高精度检测领域取得新成果，中国核聚变研究获得重大突破，众多领域科技创新取得重大进展；《中华人民共和国香港特别行政区维护国家安全法》通过并实施，确保"一国两制"事业行稳致远等，这些必将持续推动我国新时代经济社会实现跨越式高质量发展！

过去的一年中，在各级领导和专家的关心与支持下，全体"北实人"全面贯彻党的教育方针，五育并举，激情奋斗，攻坚克难，在传承中华优秀传统文化和弘扬熊希龄教育思想的基础上，全面开展幼小初高十五年一体化魅力教育综合改革实验，探寻中国现代化基础教育普适规律，学校工作实现新跨越，魅力教育在北京市、区乃至全国产生了重要影响。中央电视台、中央教育电视台、北京电视台、《人民日报》《中国日报》《中国教育报》《中国教师报》《现代教育报》《北京日报》《北京晚报》《人民教育》《教育家》《中华英才》《中国校外教育》《北京教育》《海淀教育》以及学习强国、人民日报网、新华网、中国日报网、中国教育新闻网、人民教师网、海教思维等中央和北京市主流媒体数十次报道"北实"魅力教育的系列成果。学校教师在区、市、全国以上报纸杂志发表魅力课程、魅力课堂、魅力学法研究论文100余篇，中国当代教育家丛书《曾军良与魅力教育》的姊妹篇——《魅力教育 义无反顾》《魅力教师》《魅力课堂》《魅力物理教学》《自"觉"成就卓越——给教师的建议》等一系列魅力教育专著业已付梓。中国日报网专门开辟笔者专栏，已刊登101篇文章，这些论文论著全面、系统、创造性地论述了魅力教育思想，不断推进魅力教育改革理论新思考。学校教科研工作取得新突破，学校教科研综合积分排名列区、市最前列，学校荣获"十三五"北京市基础教育课程建设先进单位、"十三五"北京市教育科研先进学校、2021年"全国科研兴校先进单位"。魅力课程、魅力课堂、魅力教师、魅力学法、魅力学生、魅力活动、魅力家校共育、魅力环境的系列创新探索取得重大成果。今年魅力教育集团内学校的高考和中考，交出了一份属于自己较高水准的答卷，实现了素质教育与升学教育的完美结合，全面提升了学生的核心素养，既对每一个孩子的今天负责，又为每个孩子的终身发展与幸福发展奠基。学校已被评为（北京市）"海淀区新品牌学校"，荣获"中国魅力学校""京城优质教育均衡化突出贡献奖"等荣誉称号。全国魅力教育品牌学校联盟工作取得重要进展，河北省三河校区、北京市顺义校区等相继建成。魅力教育逐步迁移至甘肃省临夏市，广东省中山市，山西省大同市，重庆市，湖北省丹江口市，河南省郑州市上街区、中牟县的一批魅力教育实验学校，魅力教育的有效迁移与辐射影响日益增强。学校的办学成就得到上级领导和社会各界的高度认可与广泛赞誉，魅力教育品牌已经形成，开启了创建"北实"魅力教育集团卓越品牌的新时代。

站在第二个百年的新起点，希望全体教师牢记立德树人崇高使命，做到以德化人、以德育人、以德树人。努力用爱心去浇灌，用真情去感化，用智慧去启迪。

教师的智慧，就是快乐传道、艺术育人；
教师的成功，就是巧妙解惑、助力发展；
教师的可爱，就是润物无声、真情陪伴；
教师的可敬，就是甘为人梯、默默奉献；
教师的伟大，就是有教无类、守望成长；
教师的价值，就是传承创新、培育新人；
教师的乐趣，就是彼此温暖、静待花开。

我们要不断弘扬"勇于担当、善于超越"的"北实"精神，用我们的聪明才智和工作激情，把学校创办成"孩子向往、教师幸福、社会满意"的新时代魅力学校。

寄语可爱的孩子们，你们是幸福的一代。有党和人民的全力支持，有家人的细心呵护，有老师的精心培育，有同伴的用心帮助，你们更要懂得感恩，用自己的行动去回报他们。

你可以在课堂上满怀激情、充满自信地学习；
你可以在实践中不畏困难、全神贯注地探究；
你可以在餐厅里规范有序、文明节约地就餐；
你可以在宿舍内相互关爱、内心沉静地休息；
——这些都是对他们最好的回报。

我相信孩子们能养成良好的学习、生活习惯，做一个有恒心、有决心、有孝心、有信心、有诚心、有爱心的魅力好少年！

寄语我们的家长朋友们，你们是孩子终身的老师。越来越多的教育实践证明：家庭教育才是教育的根源，学校教育必须与家庭教育紧密结合，才能培养出真正优秀的孩子。中小学特别是小学阶段，是培养孩子学习习惯的黄金时期，如写字习惯、阅读习惯和注意力、观察力、逻辑思维能力等的培养，要转变以成绩为单一评价标准的教育理念，要让童年时代留给孩子一生美好的回忆。愿你读懂孩子的内心世界，关注孩子的精神成长，注重孩子自理、自立能力的提升，尤其要关注人际交往能力的培养，信任他们，激励他们，为其成长加油鼓劲。同时多了解学校、支持学校的育人模式改革，实现家校科学共育，为孩子的终身发展与幸福成长奠基。

"玉宇洗尽阴霾疫，明春景色更芬芳"，老师们，同学们，家长朋友们！"胸怀香慈伟业，已是百年芳华"，我们必须站在新的历史起点上，坚持和发展习近平新时代中国特色社会主义思想，进一步增强中国特色社会主义道路自信、理论自信、制度自信、文化自信，立足新发展阶段、贯彻新发展理念、构建新发展格局。北京实验学校干部、教师要继承与发扬革命到底的"香山精神"，在魅力教育思想的引领下，不忘初心，锐意进取，用丰硕成果鼓舞斗志、提振干劲，凝聚力量，全面开展十五年基础教育综合改革实验，全面探寻中国现代化基础教育普适规律，为中国当代基础教育发展提供鲜活样板，为推动中国基础教育发展做出重要贡献，让魅力教育之火点燃基础教育改革之灯，引领中国基础教育发展，不断推进学校实现跨越式、高质量发展，谱写新时代新百年魅力教育新华章，共创魅力教育卓越新品牌！

最后，向大家祝贺新年：

祝福老师们生活愉悦、家庭幸福、成果丰硕！

祝福同学们童年快乐、全面发展、健康成长！

祝福家长们健康平安、心想事成、永远快乐！

祝福校友们风调雨顺、心顺意顺、事业更顺！

祝福所有关心、关爱"北实"的各级领导、社会各界朋友们幸福平安！

# 中国人民警察节

## 忠诚铸警魂　建功新时代

"每当提起你的名字啊,总是那么温暖!你是细雨,你是暖阳,你是人民心中的光芒!每当听到你的故事啊,总是那么震撼!你是奉献,你是忠诚,你是祖国坚实的屏障!你行走在百姓中间,也穿行在大漠孤烟;你刀光剑影里斗志激昂,也在风里雨里书写儿女情长。每当听到你的故事啊,总是那么震撼!你是奉献,你是忠诚,你是祖国坚实的屏障!你历经了岁月沧桑,也坚守着使命梦想!你坚定誓言雄壮铿锵,也用热血铸就新时代的辉煌!"每当我听到这首"人民警察"之歌时,心中充满着对人民警察的尊重、感激、敬仰!你们为了岁岁年年的平安祥和,再苦再累也是无悔的歌!你们心系着万家灯火,这是你们对人民深情守护!

"对党忠诚、服务人民、执法公正、纪律严明",这是习近平同志对人民警察的殷切期望和嘱托。2020年7月21日,经党中央批准,国务院批复,自2021年起,将每年1月10日设立为"中国人民警察节"。在这个浓重的节日里,让我们深深地向夜以继日辛勤值守在祖国各地的人民警察道一声:"你们辛苦了"!并向那些默默奉献和因公殉职的人民警察致以最崇高的敬意!

"中国人民警察节"是在国家层面专门为人民警察队伍设立的节日。"中国人民警察节"的设立,是党和政府对人民警察为人民利益而英勇奋斗的高度肯定,充分体现了国家对人民警察队伍的高度重视和深切关怀,是进一步健全完善人民警察荣誉制度和标志体系的重要举措,对于推动人民警察队伍革命化、正规化、专业化、职业化建设,增强广大民警职业荣誉感、自豪感、归属感,激励全警以强烈的担当精神履行好党和人民赋予的新时代使命任务具有重大意义。

中国人民警察节为什么定在1月10日？1986年1月10日，广州市公安局率先建立我国第一个110报警服务台，经过三十多年的实践与探索，110已经成为人民警察队伍的象征，被誉为"人们的保护神"。近年来，每年1月10日，公安部及各地公安机关都组织开展多种形式的110宣传日活动。因此，1月10日具有极高的社会知晓度和群众认可度，将这一日期确定为"中国人民警察节"，体现了鲜明的政治性、广泛的人民性和警察职业的标志性。

人民警察不只是一种职业，更是一种新时代的使命。身处变革中国的洪流中，肩负国家安全和社会稳定重任的人民警察，始终用改革写下日新月异的时代答卷。人民警察队伍是一支有着光荣传统和优良作风的队伍，也是和平年代牺牲最多、奉献最大的队伍。人民警察不负重托，70余年来，他们怀着对党、对祖国的无限忠诚，牢记使命、忠诚履职、不怕牺牲、无私奉献，用辛勤的汗水乃至宝贵生命，为维护社会安定、保障人民安宁筑起了一道坚不可摧的铜墙铁壁。战严寒斗酷暑他们从不畏惧，呕心血沥肝胆他们维护正义，把阳光雨露交给了神州大地，把心酸委屈留给了他们自己。作为构建社会治安防控体系的主力军，人民警察坚实构筑起守护群众安居乐业的立体化信息化社会治安防控体系，守卫着人民幸福而美好的生活。

人民警察是人民最信赖的人，也是最值得尊重的职业之一。哪里有困难，哪里就有人民警察；哪里有需要，哪里就有人民警察。在急难险阻面前，是人民警察保驾护航；在国家和人民利益受到侵犯时，是人民警察用生命诠释赤胆忠心。这体现了人民警察的忠诚担当。人民警察根植人民，服务人民。无论在战争年代，还是和平年代，无论冰天雪地，还是烈日炎炎，只要有任务，人民警察总是第一时间集结，以铁一般的纪律作风、铁一般的责任担当、铁一般的过硬本领，做守护人民的安全卫士，做保家卫国的钢铁战士。他们用奉献与牺牲弘扬主旋律，用执着与付出筑牢警魂。2020年突发的新冠疫情，人民警察更是抗疫中的"最美逆行者"之一，他们奋战在第一线，坚守在第一线，为人民筑起一道坚不可摧的钢铁长城，为打赢一次次局部抗疫保卫战，做出了卓越贡献。人民警察是新时代的"中国铁军",是最美的"警察蓝",是人民心中的真正英雄,他们用热血、生命与忠诚,抒写了一篇篇可歌可泣、荡气回肠的壮美篇章。

人民警察为人民,人民警察人民爱。从清晨到日暮,当我们正享天伦之乐时,当我们置身花前月下时,你是否想起:这生活为何如此安谧?从盎然春意到凛冽寒冬,在我们漫步林间小道时,在我们欣赏水天一色的美景时,你是否记得:这日子为何这般甜蜜?这一切不要忘记人民警察的日夜坚守、奋斗奉献,甚至牺牲!基层民警为服务留守儿童、孤寡老人,琐琐碎碎日夜操劳。交警们站在车辆穿梭,烟尘滚滚的道路上,指挥来往车辆有序前行,保障过往行人的人身安危。辛勤的缉毒警察日夜与毒枭、毒贩进行着斗智斗勇的较量,守候着国门,侦破一起起特大贩毒案件。不少警察牺牲在缉毒前沿阵地上,他们用鲜血捍卫了人民的安康。特警们身怀绝技,千锤百炼成就一身功夫,关键时刻展现出人民特警的英雄本色。多少重大事件,多少危急关头挺身而出,危难时刻展示出人民武装警察的神威。人民警察一切为了人民,人民警察是新时代最可爱的人。

# 春节

## 致全体"北实人"的春节慰问信

春节
2022年2月1日
农历正月初一

  新年前夕，习近平同志发表2022年新年贺词，回顾难忘的"中国声音、中国瞬间和中国故事"，点赞"无数平凡英雄拼搏奋斗，汇聚成新时代中国昂扬奋进的洪流"，点燃了亿万人民"一起向未来"的奋斗激情。

  2022，北京欢迎您，一起向未来！五环旗下，雪花轻盈飞舞；长城内外，大地银装素裹。北京冬季奥林匹克运动会即将召开，恰逢中国农历虎年春节。14年前，我们在京华大地上点燃北京奥运会的熊熊火炬，实现了中华民族的百年奥运梦想；7年前，我们与世界定下一场冰雪之约，再次踏上逐梦之旅；几天后，我们将见证北京成为全球首个"双奥之城"，铸造奥林匹克历史上新的里程碑。中国人民正张开双臂，热情迎接四海宾朋，这充分彰显了文明礼仪之邦的卓越风范。让我们向克服疫情困难，专程来华共襄盛举的各国嘉宾与优秀的冰雪运动员、教练员致以良好的祝愿！世界期待着中国，中国已经做好了准备。中国一定能为世界呈现一届简约、安全、精彩的奥运盛会，为疫情困扰下的世界注入更多的信心和力量，唱响人类团结与共的最强音。

  "牛年奋斗标青史，虎岁腾飞展巨篇"。2021年是党和国家历史上具有里程碑意义的一年，以习近平同志为核心的党中央带领全国人民，开启向第二个百年奋斗目标进军的新征程，沉着应对百年变局，构建新发展格局。我国经济发展和疫情防控保持全球领先地位，国家战略科技力量加快壮大，产业链韧性得到提升，改革开放向纵深推进，民生保障有力有效，生态文明建设持续推进，实现了"十四五"良好开局。

这一年，国内生产总值首次突破100万亿元大关。这意味着我国综合国力又跃上了新的大台阶，对于开启全面建设社会主义现代化国家新征程，具有十分重要的意义。一年来，从中国空间站天和核心舱成功发射到天问一号、祝融号成功探测火星，从神舟十二号圆满完成任务到神舟十三号成功发射，我国科技实力正在从量的积累迈向质的飞跃，从点的突破迈向系统能力提升。我国重大创新成果竞相涌现，创新能力持续提升，创新"脉动"尤为强劲。金沙江白鹤滩水电站是实施"西电东送"的国家重大工程，是当今世界在建规模最大、技术难度最高的水电工程。从开国大典至今，新中国走过了非凡的发展历程，中华民族走上了实现伟大复兴的壮阔道路。我们要保持谦虚谨慎、不骄不躁、艰苦奋斗的优良作风，坚持为党育人、为国育才、为民服务的革命情怀，不断推进魅力教育实现跨越式高质量发展。

"牛留丰稔随腊去，虎生平安报春来"，2021年是非常特殊的岁月，面对零星反复的疫情，我校认真贯彻执行党中央、国务院和市区领导的要求，坚持人民至上、生命至上的理念，注重常态化防疫，做到外防输入，内防反弹，始终把师生的安全和身体健康放在第一位，这必将激励"北实人"持续谱写魅力教育新华章，实现学校教育行稳致远。

"牛岁已辅千缎锦，虎年更上百层楼"，2021年，幸好，身边有您！过去的一年中，在各级领导和专家的关心与支持下，全体"北实人"全面贯彻党的教育方针，五育并举，激情奋斗，攻坚克难，在传承中华优秀传统文化和弘扬熊希龄教育思想的基础上，全面开展幼小初高十五年一体化魅力教育综合改革实验，探寻中国现代化基础教育普适规律，学校工作实现新跨越，魅力教育在北京市、区乃至全国产生了重要影响。学校赓续红色基因，弘扬伟大建党精神，进一步强化政治责任和示范引领作用；保持战略定力，整体推动学校不断实现创新发展，开启了全面创建魅力教育卓越品牌的新时代。

"胜景随春至，佳绩逐勤来"，2022年是中国开启全面建设社会主义现代化国家新征程的又一年，也是"北实"新百年及"三五"计划的第二年，新时代，新使命，新成果。希望老师们以只争朝夕、时不我待的精神潜心治学，以抓铁有痕、踏石留印的干劲努力工作，成为新时代实干型、复合型、研究型教师；要强化"五育并举"，落实立德树人，推进育人方式变革，争做"为人师表、品德高尚"的教师典范，续写教书育人的动人篇章。这正是百年香慈薪火相传、历久弥坚的精神所在。希望我们可爱的孩子们，牢记师长教诲，学会人生感恩，坚定理想信念，更加珍惜时光，发愤刻苦攻读，改进学习方法，善于合作进取，学业日益进步，综合素质显著提升。希望我们的家长朋友们，持续关注、宣传"北实"的魅力教育，支持学校的育人改革，尊重孩子的健康成长需求，注重孩子自理、自立能力的提升，实现家校科学共育，为孩子们的幸福成长保驾护航，给孩子一个更有仪式感、更加美好的童年！海内外校友们，无论是在天南海北，还是在异国他乡，你们都在深情地关注和无私地支持着母校，为学校魅力教育的发展做出了突出贡献，"北实"就是你们的家，欢迎常回家看看。

"春江奔流听涛声，时光不负追梦人"。老师们，同学们，家长朋友们，海内外校友们！奥林匹克运动不仅追求"更快、更高、更强"，还倡导"更团结"，北京冬奥会提出"一起向未来"的主题口号，与之一脉相承。站在"两个一百年"的历史交汇点，全面创建魅力教育集团卓越品牌新征程已经开启，新时代，新成果，"北实"全体干部教师必将团结奋进，树牢"四个意识"，坚定"四个自信"，做到"两个维护"，持续坚持"国之大计、党之大计"的战略定位，坚持"为党育人、为国育才"的初心使命，坚持"提升格局、服务大局"的时代担当，弘扬"勇于担当、善于超越"的"北实精神"，坚持"改革创新、追求卓越"的奋进姿态，创建"海淀窗口、北京领先、中国示范、世界水准"的国际名校，铸创中国基础教育现代化的卓越新品牌，为进一步办好人民满意的魅力教育贡献"北实力量"，以优异的成绩迎接党的"二十大"胜利召开！

最后，向大家祝贺新春：

祝福老师们生活欢愉、家庭幸福、工作祺祥！

祝福同学们身心健康、学业日进、成长嘉瑞！

祝福校友们合家安康、事业鹏程、虎年洪福！

祝福所有关心、关爱"北实"的各级领导、社会各界朋友们

虎年龙运、平安幸福！

# 元宵

## 共贺"双奥"新春
## 书写"魅力"传奇

"玉虎瑞雪兆丰年,中华龙凤喜呈祥",雪花妆彩灯,萌态"冰墩墩",可爱"雪容融",神州同欢庆。当古希腊奥林匹克的圣火,传递到古老而又充满活力的东方大国,当冬奥盛会与中国传统春节不期而遇,历史已镌刻这浓墨重彩的一笔。这是东西两大文明燃情冰雪的交融,这是两种文化美美与共的融合,这是一个开放、富强、包容的中国,与八方宾朋共享奥林匹克梦想的"高光"时刻,彰显出千年古都北京作为首座"双奥之城"的强大魄力与独特魅力,展现了一个正在冉冉升起的文明古国的实力和担当。这不仅是对奥运精神的卓越践行,也是中国由体育大国向体育强国迈进的标志,更是促进国家发展、振奋中华民族伟大精神的重要节点,中国声音、中国方案、中国智创,引领未来!

"灯树千光照,雪花七枝开",春风送暖,生机勃发。按中国的农历来说,从正月初一到正月十五都是春节。今天是正月十五,是农历春节的最后一天。正月十五是新年的第一个月圆之夜,所以又称元宵节。此时此刻,中国民众正在浓浓的年味儿中感受北京冬奥的精彩,同享冰与火的激情。值此新春良宵佳节,由衷地祝福大家新春快乐!迎春岂止赏春景,圆梦更须攀顶峰!

"万户花灯烘瑞气,千江雪韵赋清词"。元宵节也叫上元节、春灯节,是千千万万个家庭团圆的节日,是中国人很重视的传统节日。据道教的三元说,正月十五日为上元节,七月十五日为中元节,十月十五日为下元节。主管上、中、下三元的分别为天、地、人三官，天官喜乐，故上元节要燃灯。元宵节是春节之后的第一个重要节日，是一年中第一个月圆之夜，加上吃元宵的习俗，无论是在南方还是北方都比较重视元宵节，举行诸多活动来庆祝这个节日。如在元宵节的晚上点灯、挂灯、赏灯、猜灯谜，再是吃汤圆，还有擂鼓、舞龙、舞狮、踩高跷等传统表演活动，以祈望生活吉祥如意，事事平安。中国的传统节日，实际上是中华传统文化的永久记忆与中华民族精神的伟大传承。

"灯树千光照，明月逐人来"。我国元宵节的形成，已有两千多年的历史，留下了不少古老而有趣的传说，也留下了一些风俗习惯。元宵节是西汉第五位皇帝汉文帝为纪念"平吕之乱"而设。相传汉高祖刘邦皇后吕雉一系害怕在吕后死后大权旁落，密谋叛乱，宗室齐王刘襄联合开国功臣周勃平定"诸吕"。平乱之后，众臣拥立刘邦次子刘恒登基，史称汉文帝。文帝深感太平盛世来之不易，便把平息"诸吕之乱"的正月十五，定为与民同乐之日，京城家家张灯结彩，以示庆祝。从此，正月十五便成了一个普天同庆的民间盛大节日。唐朝时国力空前强大，元宵赏灯十分兴盛，无论是在京城还是乡村，到处张挂彩灯，人们还制作巨大的灯轮、灯树、灯柱等，满城火树银花，十分繁华热闹。元宵节在宋朝发展成最热闹的节日，灯节更加丰富多彩，逛灯市更是赏心悦目，元宵赏灯持续五天。南宋词人辛弃疾曾写道"东风夜放花千树，更吹落，星如雨"，说的就是宋朝灯节花灯无数，烟花多如星雨。同时还兴起了猜灯谜，猜中的人还能得到奖励。这种娱乐益智的活动深受人们喜爱，广为流传。到了元代，大部分地区都取消了元宵节假期。明朝的灯节持续时间更长，自正月初八到十七整整十天，以显示歌舞升平。清朝、民国时，宫廷不再办灯会，民间的灯会却依然壮观，灯也更加精致奇幻，十分吸引人。元宵灯会习俗一直延续到今天。

"喜迎冬奥全球客，庆贺春华遍地诗"。北京冬奥会集中展示了竞技运动与精神世界的风采，赛场上所体现的激情、毅力、荣誉、友谊、合作等，是人类社会宝贵的精神财富，传递了文明与友谊的力量，充分证明了奥运精神是跨越各类界限，实现民心相通、文明相融的重要纽带。冬奥会也是培育青少年国际意识的最佳时机。在这次冬奥会上，出生于美国的18岁中国小将谷爱凌获自由式滑雪女子大跳台金牌，挑战了从未做出的超高难度动作，完美诠释了奥林匹克精神。开幕式上"赤膊涂油"的美属萨摩亚旗手内森·克伦普顿，身着民族服饰出场，瞬间吸引了全世界对太平洋南部岛屿独特文化风情的关注。在奥运精神激励下，各国青少年积极主动参与体育运动，提升了身心素质与运动技能，培养了团队协作能力，增进了社会适应能力，树立了公平竞争意识。

"文化是体育之根，精神是体育之魂"。体育在提高人民身体素质和健康水平，促进人的全面发展，丰富人民精神文化生活，推动经济社会发展，激励全国各族人民弘扬追求卓越、突破自我的精神方面，都有着不可替代的重要作用。中华体育精神是中华民族在体育实践活动中形成的宝贵精神财富，是中国体育的精髓和灵魂。为国争光、无私奉献的爱国主义精神是中华体育精神的核心要义。科学求实、遵纪守法的实干精神是中华体育精神的标志象征。团结协作、顽强拼搏的奋斗精神是中华体育精神的鲜明传统。我们要从中华体育精神中汲取实现民族复兴的磅礴力量。人无精神不立，国无精神不强。唯有精神上站得住、站得稳，一个民族才能在历史洪流中屹立不倒、挺立潮头。体育是社会发展和人类进步的重要标志，也是综合国力和社会文明程度的重要体现。大力弘扬中华体育精神，充分发挥其提高民族自信心、增强民族凝聚力、振奋民族精神的重要作用，必将为实现第二个百年奋斗目标、实现中华民族伟大复兴的中国梦注入源源不断的活力。

"复兴之光助冬奥，中华大地展英才""百年新路重开步，虎跃神州大地春"。无论是2008年"同一个世界，同一个梦想"，还是2022年"一起向未来"，在新时代的历史坐标上，中国梦与冬奥梦交织，和平、发展、合作、共赢，更高、更快、更强、更团结，在不同层面讲述人类命运休戚与共的故事。中国梦与冬奥梦进一步激发"北实梦"，伟大梦想澎湃新动力，魅力教育引领新征程，我们要从中华体育精神中汲取创造魅力教育卓越品牌的精神伟力。坚守魅力教育初心、价值追求、理想信念不动摇。奋力实现"为祖国伟大复兴做教育，为学生终身发展做教育，为教师实现价值做教育，为师生幸福生活做教育"的美好理想!

"激情奋斗结硕果,智创前行写辉煌"。站在"两个一百年"的历史交汇点,全面创建魅力教育集团卓越品牌新征程已经开启,让我们一起向未来,坚持"为党育人、为国育才"的初心使命,弘扬"勇于担当、善于超越"的"北实精神",勇毅前行,共享"双奥"荣光,书写"魅力"传奇,以冬奥之光照亮团结奋进之路,创建"海淀窗口、北京领先、中国示范、世界水准"的国际名校。

# 学雷锋日

## "雷锋精神"永放光芒

　　"春日江山丽,东风花草香"。1963年3月5日,毛泽东同志发出"向雷锋同志学习"的伟大号召。从此,"雷锋"这个平凡的名字,如同那温润的春风,在每个人的心中,留下了一道深深而难忘的美好印记。雷锋这个崇高的名字,伴随着一代又一代人成长,感召着一代又一代人的高尚心灵。雷锋虽然早已离世,但千千万万个"活雷锋"如雨后春笋茁壮成长,雷锋永远活在人民的心中,雷锋精神永放光芒!

　　如果你是一滴水,你是否滋润了一寸土地?如果你是一线阳光,你是否照亮了一分黑暗?如果你是一颗最小的螺丝钉,你是否永远坚守着你生活的岗位……雷锋,以其平凡朴实的言行,在他22年短暂的人生岁月中,展现出令人震撼的人格魅力与精神伟力。我们要学习雷锋同志忠于党、忠于祖国、忠于人民、无私奉献的精神;学习他立足本职、精益求精,在平凡工作中创造出不平凡业绩的"螺丝钉精神";学习他苦干实干、艰苦奋斗、坚毅坚持的创业精神,进一步弘扬"奉献、友爱、互助、进步"的志愿服务精神。实现中华民族伟大复兴的中国梦,期待每一个中华儿女像雷锋一样,永远富有爱心,永远真诚善良,永远像一颗小小的螺丝钉发挥其独特的作用,永远像钉子一样善于"钻"与"挤",勇敢顽强、坚毅果敢、矢志不渝、接续奋进,努力做最好的自己。

　　雷锋同志于1940年生于湖南长沙,1960年入伍,同年加入中国共产党。1962年,入伍仅两年的雷锋因公殉职,年仅22岁。入伍前他就立志做一个道德高尚、对社会有用的人。他从小事做起、从日常生活做起,在平淡中显示出了他高尚的品德。在学习上，他发扬刻苦钻研的"钉子"精神；在工作中，他干一行、爱一行、钻一行，甘当革命的"螺丝钉"；在生活中，他艰苦朴素，诚实守信，助人为乐，做人民的勤务员。在他身上焕发着忠于党、忠于祖国、忠于人民，毫不利己专门利人的共产主义精神。《雷锋日记》《雷锋的故事》《离开雷锋的日子》，是他作为一个时代楷模、作为一位伟大的共产主义战士的真实写照！虽然雷锋离开我们近60年了，学习雷锋，纪念雷锋，从未间断。周恩来总理曾把雷锋精神全面而精辟地概括为："憎爱分明的阶级立场，言行一致的革命精神，公而忘私的共产主义风格，奋不顾身的无产阶级斗志。"这，就是雷锋精神在中华大地上持久绽放出的强大的生命力；这，就是几十年来在中国人民心中长久珍存的一个真善美的人格理想；这，就是中华民族生生不息的伟大民族精神。

"雷锋精神是永恒的""雷锋精神是社会主义核心价值观的生动体现""要把雷锋精神代代传承下去"，这项任务十分重要，意义非常重大。雷锋也是新时代的楷模。要实现中华民族伟大复兴，需要更多的新时代楷模。我们既要学习雷锋的精神，也要学习雷锋的做法，更要把崇高的理想信念和道德品质追求转化为具体行动，体现在平凡的工作与生活中，做出自己应有的最大贡献，把雷锋精神代代传承下去。新时期，我们该怎么学习雷锋精神呢？捡起地上的一片纸屑，我们就是一个爱清洁的环保卫士；帮助身边有困难的同学，我们就是一个有爱心的好朋友；珍惜每一分钟，勤奋学习，我们就是一个爱学习的榜样；见到师长、父母问一声好，我们就是一个懂礼貌的好孩子。再过两天就是3月8日"妇女节"，当你送给老师一本字迹清秀的作业，为妈妈端上一杯热气腾腾的茶水，表达对老师和母亲敬爱的同时，这一切都是学雷锋的具体表现。这一切，不仅仅让别人得到了快乐，我们自己同样也是快乐的。

在新时代的今天，雷锋精神无处不在，依然没有过时，并且永远不会过时，应该成为我们每一个人毕生的精神追求，并内化于心，外化于形，变成一种认真而又自觉的行动。在祖国、人民需要的时候，作为新时代的青少年，要冲锋在前，时刻准备着，用奋斗书写青春，用奉献诠释价值。就个人来说，需要怀揣一颗平常心，需要每个人立足自身实际，从小事做起，从身边一些力所能及的事做起，在快乐中奉献他人，奉献社会，让助人者和被助者都感到快乐，并养成一种习惯，形成一种品质。

"惟有春风最相惜，殷勤总向手中吹"，雷锋同志的光辉形象，已深深印刻在莘莘学子的脑海中，新时代青少年都是雷锋精神的践行者！正如雷锋在日记中写下的这段文字："人的生命是有限的，可是为人民服务是无限的，我要把有限的生命投入到无限的为人民服务之中去。"我们开展学雷锋纪念活动，就是要用不同的方式来纪念雷锋，更好地传承雷锋精神，弘扬中华民族的传统美德，推动雷锋精神与新时代发展融合并进，让雷锋精神在我们身边闪闪发光，让千千万万个雷锋涌现在中国大地上。今天，雷锋精神已融化在十四亿中国人民的行为中，雷锋为人民服务的价值观已成为人民永远的呼声。我们坚信，雷锋精神必将在新时代进一步发扬光大，折射出更加灿烂、更加持久的光辉！

# 国际劳动妇女节

## 争做新时代的巾帼表率

"最美不过春三月,东风拂槛露华浓",在这风和日丽、莺飞草长的好时节,我们迎来了第112个国际劳动妇女节,在此,谨向全国女同胞致以最热烈的祝贺和最诚挚的祝福,祝大家青春靓丽,身心健康、工作顺遂、家庭幸福、节日快乐、每天好心情!

1910年,在丹麦首都哥本哈根召开的第二次国际社会主义妇女代表大会上,为了加强全世界劳动妇女的团结,支持妇女解放运动,确立3月8日为世界妇女的节日,1911年3月8日为第一个国际劳动妇女节。从此,每年3月8日,就成为全世界劳动妇女的伟大节日。这不仅是一面争取平等、解放的旗帜,而且是推动社会文明进步的标志,更是我们高擎"三八"雄伟旗帜,焕发奋斗活力的精神礼赞。

女性是伟大的。毛泽东同志有句名言:"妇女能顶半边天。"中国革命的先行者孙中山先生也曾满怀深情地说过,这世界如果少了女性,就会失去百分之五十的真,百分之七十的善,百分之百的美。任何一个地方,任何一项事业,任何一次社会的进步,都离不开女性的参与。正是因为有了女性,我们的社会才变得如此丰富多彩,生活才变得如此安宁有序,世界才变得如此和谐美妙。有一首诗这样写道:"因为有了阳光,世界变得温暖;因为有了鲜花,生活变得浪漫;因为有了女性,一切变得丰富多彩。"古往今来,无数文人墨客都把女性赞誉为爱的使者、美的化身。当南宋女将梁红玉用惊天的战鼓击退百万金兵的时候;当法国居里夫人用镭元素铸成科学史上崭新的里程碑的时候;当江姐在全国解放战争胜利的曙光即将到来之际，面对屠刀从容就义的时候；当中国女排以顽强的意志拼来五连冠，把拼搏精神化成一个民族前进动力的时候，人们不会再有丝毫的怀疑，伟大的女性已经为世界撑起了一片蔚蓝的天空，为推动人类社会进步做出了杰出贡献。

当前，中国已经开启全面创建社会主义现代化强国的新征程，广大女同志不仅是一道靓丽的风景线，更是一支不可或缺的重要力量；全国广大女同胞在各条战线上开拓进取、无私奉献、顽强拼搏、坚持不懈，以"巾帼不让须眉"的精神，在平凡的岗位上做出了不平凡的业绩，涌现出一大批巾帼先进集体和巾帼表率，全面展示了新时代中国女性奋发有为的飒爽英姿和风采魅力！

谁说女子不如男，巾帼不让须眉男。在过去的一年里，"北实"魅力教育各项工作亮点纷呈，这些成绩的取得是全校师生员工共同努力的结果，也是全校女教师、女职工辛勤付出的回报。作为女同志你们要比男同志有着更多的角色：在家里你们是父母公婆孝顺善良的女儿，是丈夫温柔贤惠的妻子，是儿女贴心依恋的母亲；在学校，你们是学生可亲可敬的老师，是同事眼中有才气、懂生活的姐妹，是学校发展的骨干和脊梁；在社会，你们是遵纪守法、乐于助人的好公民。你们在承担着比男同志更多压力的同时，能够以主人翁的责任感积极投身于教书育人和管理育人工作中，爱岗敬业、埋头苦干、求真务实，坚强地扛起了大家和小家的责任，用坚定的脚步丈量着人生的距离，为学校的建设和发展做出了积极的贡献。家庭因你们而充满了温馨和甜美；学生因你们而懂得了人生的方向与意义；学校因你们而充满了生机和魅力。在此，我代表学校真诚地道一声：谢谢各位女神，你们辛苦了！祝福你们身心健康，永远快乐！

"奋进新征程，创造新业绩，建设新生活，建功新时代"，各位可敬的女同胞，新的一年，新的起点，学校将面临更多的机遇和挑战，希望大家继续发挥"自尊、自信、自立、自强"的精神，以非凡的激情，勇敢的追求，一流的工作，充分发挥"半边天"的作用，争做推进师德建设的先锋，打造魅力课堂的专家，弘扬家庭美德的模范。同时，更希望全体女同胞在做好繁忙的工作和繁重的家务之余，学会关爱自己，做一个有实力、有魅力、有魄力的新时代女性，在各自的岗位上书写魅力教育新篇章，为新时代魅力"北实"做出新的更大的贡献，争做新时代的巾帼表率。

最后，再次祝福所有的女性每一天都是自己的女神。
节日快乐，天天愉悦，永远幸福！

# 植树节

## 让"绿"成为生命的主旋律

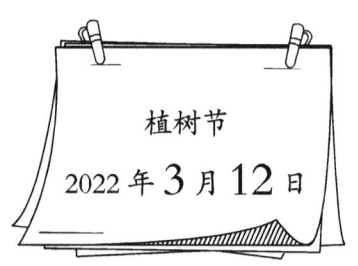

植树节
2022年3月12日

中华民族自古以来就有爱树、种树的传统,爱白杨的坚韧挺拔,爱垂柳的轻盈柔美,爱松树的不屈风骨。植树造林,见证历史,功在当代,利在千秋。草木蔓发,春山可望。改善生态环境,促进人与自然的和谐,是新时代每一位公民应尽的职责。

公历3月12日,是我国法定的植树节。"植树节"是国家以法律形式规定的以宣传森林效益,并动员群众参加义务造林为活动内容的节日。通过植树造林活动,激发人们爱林、造林的感情,提高人们对森林功用的认识,促进国土绿化,扩大森林资源,从而达到改善生态环境的目的。

1925年3月12日,是孙中山先生逝世的日子。孙中山是中国伟大的民主革命先行者,他特别关注植树造林事业,并将造林视作关系国计民生的大事来推动。1914年11月,我国近代史上第一部《森林法》颁布。1915年7月,当时的北洋政府正式规定以每年清明节为植树节,还通过了一个《植树节举行造林运动办法》,通令全国实施。

"播撒一颗种子,收成一片绿色"。新中国成立以来,党和国家十分重视绿化建设。1956年,我国开始了第一个"12年绿化运动"。1979年2月23日,第五届全国人大常务委员会第六次会议决定,将3月12日作为我国的植树节,以鼓励全国各族人民植树造林,绿化祖国,改善环境,造福子孙后代。《关于开展全民义务植树运动的决议》规定,凡是条件具备的地方,年满11岁的中华人民共和国公民,除老弱病残者外,因地制宜,每人每年义务植树3~5棵,或者完成相应劳动量的育苗、管护和其他绿化任务。决议号召全国各族人民"人人动手，年年植树，愚公移山，坚持不懈"。1982年的植树节，邓小平同志率先垂范，在北京玉泉山上种下了义务植树运动的第一棵树。1984年9月第六届全国人民代表大会常务委员会第七次会议通过的《中华人民共和国森林法》总则中规定："植树造林、保护森林，是公民应尽的义务"，从而把植树造林纳入了法律范畴。1990年3月12日，中华人民共和国邮电部发行了一套4枚"绿化祖国"邮票，第一枚为"全民义务植树"。

"植树在当代，得宜在下代"。植树造林不仅可以美化家园，同时还可以起到扩大山林资源、防止水土流失、保护农田、调节气候、促进经济发展等作用，是一项利于当代、造福子孙的宏伟工程。为了保护林业资源，美化环境，保持生态平衡，世界上很多国家都根据本国实际情况设立了植树节。近代植树节最早是由美国的内布拉斯加州发起的。19世纪以前，内布拉斯加州树木稀少，土地干燥，大风一起，黄沙满天，人民深受其苦。1872年，美国著名农学家莫尔顿提议在内布拉斯加州规定植树节，动员人民有计划地植树造林。当时州长亲自规定，今后每年4月份的第3个星期三为植树节。当年就植树上百万棵。此后16年间，先后植树6亿棵，内布拉斯加州10万公顷的荒野变成了茂密的森林。据联合国统计，目前世界上已有50多个国家设立了植树节。由于各国国情和地理位置不同，植树节在各国的称呼和时间也不相同，日本称为"树木节"和"绿化周"，以色列称为"树木的新年日"，缅甸称为"植树月"，南斯拉夫称为"植树周"，冰岛称为"学生植树日"，印度称为"全国植树节"，法国称为"全国树木日"，加拿大称为"森林周"。

"千重林山真宝库，万顷绿海活银行"。随着人们的环保意识不断增强，并积极投身植树造林活动，我们人类生存的环境将会得到不断地改善。一棵树可以生产200公斤纸浆，而这些纸浆如果要生产卫生纸，则至少可以生产重为100克的卫生纸750卷。在城市，一棵树一年可以贮存一辆汽车行驶16公里所排放的污染物。当城市绿化面积达到50%以上时，大气中的污染物可得到有效控制。据计算，城市绿地面积每增加1%，当地夏季的气温可降低0.1℃。据观测，夏季有林的地方比无林的地方，气温低8～9℃，而冬季却高2～3℃，真可谓"冬暖夏凉"。城市林带、绿篱有降低噪音的作用。一条宽 30 米的林带可降低噪音 6～8 分贝。植树造林不仅能够美化环境，提高空气质量，还能改善气候状况，可谓一举多得。茂密的树冠可以遮盖阳光的照射，将 20% 左右的热量反射回天空，60%～70% 的热量被树冠吸收。此外，植物蒸腾作用的维持也需要吸收大量的热量。

"多一片绿叶，多一份温馨"。森林还可以调节空气湿度。据测定，有林区域比无林区域夏季相对湿度要偏大 30%～40%，冬季可偏大 10% 左右。森林既是大自然的空调机，又是大自然的加湿器，对提高空气质量贡献很大。当森林覆盖率达 35% 以上时，就能产生适合于人类生活的气候。城市森林可增加空气湿度，一株成年树一天可蒸腾 400 公斤水，所以树林中的空气湿度明显上升。据科学家估算，夏季每公顷杨树每天蒸腾 57 吨水，消耗热量 18 万兆焦；每公顷阔叶林一年中从土壤中吸收 575 吨地下水，消耗热量 1.25 万兆焦。其蒸腾的水分比同纬度的海洋多 50%，是无林地区的 20 倍。此外，森林还是大自然的避风港。风遇森林后，一部分气流越过上空，另一部分气流被树阻挡，风力锐减，到达林区 200 米处，风速一般只有原来的 5% 左右，从而大大减轻了风灾。

"万里长城抵御外敌，绿色长城造福人类"。设立植树节意义深远，全民义务植树运动是创造良好生态环境、造福人民的一项伟大事业。多年来，全民义务植树运动的蓬勃开展，对提高全民绿化意识，加快国土绿化和生态环境建设，促进经济发展和社会文明进步起到了重要的作用。植树造林是为后人办的一件大好事，参加植树既是一种义务，更是一种责任，全社会都应积极行动起来，植树造林，绿化家园，让我们生存的这片土地更绿、更美、更温馨。

"勿以恶小而为之，勿以善小而不为""地更绿、天更蓝、水更清、花更多，景更美"，这是我们共同追求的目标。行动起来，从我做起，从你做起，从小事做起，从身边做起，从现在做起。让我们携起手来，履行我们的义务，贡献我们的力量，多植树，广造林，共创绿色未来的美好！一棵两棵三棵，棵棵皆成栋梁。现在人养树，日后树养人。只要我们人人动手，坚持不懈，我们必将创造新时代绿色美丽、富裕文明的生态家园，我们伟大祖国的明天，也一定会更加明媚灿烂！

# 国际消费者权益日

## 共促消费公平　守护市场安全

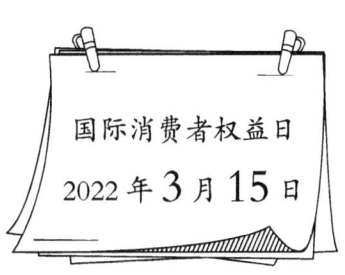

我国自改革开放以来，随着经济不断发展，消费业态持续升级。实践已经证明，消费道路千万条，消费公平第一条。但少数营销平台和经营者破坏公平竞争，扰乱诚实信用的市场秩序，导致消费者在消费过程中受到损失，甚至利益受到严重损害。因此，维护消费安全，共促消费公平，成为广大人民群众共同的呼声。

1983年，国际消费者联盟组织确定，每年的3月15日是国际消费者权益日。1960年，由美国、英国、澳大利亚、比利时和荷兰五个国家的消费者组织发起成立国际消费者联盟组织，总部设在荷兰海牙，现已迁到英国伦敦，亚太地区分部设在马来西亚的槟榔屿。国际消费者联盟组织现有115个国家和地区的230多个消费者组织成员。

设立国际消费者权益日，目的在于扩大消费者权益保护的宣传，使消费者权益在世界范围内得到重视，以促进各国和地区消费者组织之间的合作与交往，在国际范围内更好地保护消费者权益。正如国际消费者联盟组织主席罗达房·帕金所说："人民的交往，产品的交换，技术和通信的活动等等，就要求我们必须在全球范围内考虑并行动。每个国家的消费者组织应列入世界范围的为消费者权利的保障而斗争的行列。"当这种斗争每天继续下去的时候，我们在每年选择一天，让各方面都能听到我们为消费者而发出的声音，并且获得为未来的任务而努力的精神动力。选择这样一天作为"国际消费者权益日"，也是为了扩大宣传，促进各国消费者组织的合作和交往，在国际范围内引起重视，推动保护消费者的活动。

1983年5月，河北省新乐县成立了消费者协会，这是我国成立的第一个消费者组织。1984年8月，广东省广州市成立了消费者委员会，这是我国第一个城市消费者组织。1984年12月，经国务院批准，中国消费者协会成立，这是对商品和服务进行社会监督的保护消费者合法权益的全国性社会团体，成为中国第一个保护消费者权益的协会。1987年9月，中国消费者协会被国际消费者联盟组织接受为正式成员。2022年国际消费者权益日的主题是"共促消费公平"。中国消费者协会的成立，对商品和服务进行社会性监督，保护消费者的合法权益，引导广大消费者合理、科学消费，对促进社会主义市场经济健康发展，具有重要的现实意义。

### 一、落实法律规定，切实保障消费公平

共促消费公平，是落实法律赋予消费者权利的重要抓手。《消费者权益保护法》规定，经营者向消费者提供商品或者服务，应当恪守社会公德，诚信经营，保障消费者的合法权益；不得设定不公平、不合理的交易条件，不得强制交易。共促消费公平，就是要协同各方力量，督促经营者严格落实法律规定，重视消费者合法权益和正当利益，公平对待每一位消费者，共同维护公平竞争的市场环境，共同营造安全放心的消费环境，促进相关部门要依法监管、公正执法、平等对待，企业要公平交易、公平竞争，让消费者愿意消费、放心消费，让消费者的获得感、幸福感、安全感更加充实、更有保障、更可持续。共促消费公平，是落实法律赋予消费者权利的重要抓手。

### 二、强化消费教育，加强系统宣传引导

加强系统化消费公平教育，壮大消费公平监督力量，帮助各个层面消费者掌握科学合理消费知识，提升自主依法维护消费公平的意识和能力。加强对公平消费的倡导和引领，引导社会各界和消费者对消费不公平现象勇敢说不，拒绝经营者为追求利益最大化而榨取消费者剩余价值，对消费不公平现象形成强大的监督力量，共促消费公平，共同维护社会公平正义，这是践行以人民为中心发展思想的重要举措。

### 三、促进制度完善，夯实消费公平保障

近年来，消费市场暴露出诸多消费领域发展不平衡、不充分、不公平、消费

者"急难愁盼"的热点难点问题，消费者协会组织要针对有关问题加强理论研究和分析研判，推动完善相关法律法规和标准，辅助政府部门决策，不断强化消费维权的制度基础。进一步夯实消费公平保障，开展消费安全"守底线、查隐患、保安全"专项行动，提升消费品质，提振消费信心，释放消费潜力，推动消费升级，让群众放心消费，让消费为经济发展积聚"新动能""新活力"。

### 四、坚持人民至上，促进消费健康循环

党的十九届六中全会指出，要践行以人民为中心的发展思想，不断实现好、维护好、发展好最广大人民群众的根本利益。共促消费公平，就是坚持以人民为中心的深刻实践，就是要回应消费者实现消费公平的呼声，满足消费者得到公平对待的诉求，促进生产、消费更健康更可持续的循环，促进人的全面发展，让消费者的获得感、幸福感和安全感，更加充实、更有保障、更可持续。

### 五、完善舆情监督，提升消费监测效能

围绕新能源汽车、网络游戏、校外培训、老年消费、未成年人消费、残疾人消费、农村消费、个人信息保护、预付式消费、公共服务消费等领域开展民生领域消费监督活动，开展不公平合同格式条款点评活动，强化消费舆情常态化监测、分析、处置、反馈机制，完善城乡消费者满意度行动指南，提升消费监督效能。

总之，维护消费公平永远在路上，每天都是"3·15"。让我们一起携起手来，凝聚社会力量，推动社会共识，筑牢消费公平的社会基础，共促消费公平。紧抓开展"3·15"消费维权日活动这一契机，加强消费教育，注重宣传引导，采用不同方式，使科学消费观念、法律法规知识、有效维权方式走进消费者的生活，激发消费者参与权益保护的积极性和主动性，引导消费者树立安全、理性、合理的消费理念，增强法律意识，共促消费公平，突出问题导向，加大消费公平救济力度，强化特殊群体保护，实现更大范围的消费公平。践行绿色低碳消费，实现更可持续的消费公平，不断满足人民群众日益增长的美好生活的需要。

今天的孩子一定会走向未来，一定会成为强国梦的建设者。准确认识"国际消费者权益日"的时代价值，充分把握"国际消费者权益日"的教育内涵，开展"国际消费者权益日"的系列教育活动，有着重要的历史意义。教育工作者要充分挖掘"国际消费者权益日"的节日课程资源，全面提升育人质量。

# 世界读书日

## 让阅读成为现代公民的新时尚

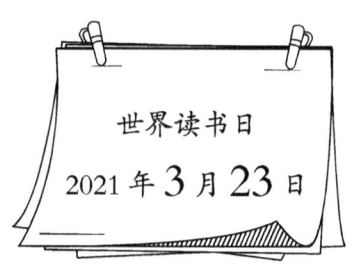

全民阅读水平，是衡量一个国家，一个民族，一个社会文明程度的重要标志。阅读不仅是一种生活方式，更是一种爱家爱国的情感根基；阅读既是一种个人行为，也是一种民族的文化形态；既是一种社会的文明风尚，也是一种国家的精神力量。一个有着浓郁阅读氛围的社会，青少年从小耳濡目染，感受良好的书香熏陶，必然具备优良的道德品质和精神风貌。徜徉在阅读的世界里，学习先贤的先进思想与处世智慧，站在生命更高处与名家学者对话，拓宽生命视角，启迪心灵智慧，涵养家国情怀，让先进的中华文化得以传承和延续，让人们的心灵更加善良与纯洁，让公民的道德水准得以净化与提升，形成崇德向善的良好社会风气。在实现伟大中国梦的新时代，给每一位中华儿女提出了更高的要求，只有提升全民阅读水平，才能提升国民综合素质，努力创建阅读文化，让阅读成为现代公民的新时尚。

### 一、阅读会让心灵更纯净

喜爱阅读的人，内心世界能够获得真正的安宁。当下快节奏的生活导致很多人产生了焦虑不安的情绪，读书则是一种能有效调整心态、缓解压力的最佳方式。南宋大诗人陆游，晚年穷居乡间，常靠读书怡情，他切身体会到"读书有味身忘老""病中书卷作良医"。阅读常能使人醍醐灌顶，喜悦之情油然而生，压力烦恼烟消云散。喜爱读书，就等于把生活中寂寞无聊的时光换成巨大享受的时刻。以读书修身养性，方能成为一个懂情趣、有温度、会思考的人。

有一个这样的小故事：在一座山里，住着一位农夫和他的小孙子。每天早晨，老爷爷都会早早起来坐在书桌前读书。有一天，孙子问道："爷爷！我也想和您一样读书，可我读不懂。只要我把书本合上，我就忘得一干二净。读书有什么用？"爷爷指着篮子说："这个篮子是放煤炭的，你带去河边，帮我盛一篮子水回来吧。"于是小孙子照爷爷说的去做了，不过回来之前篮子里的水早早就漏光了。"你下次得跑得快一些。"老农夫笑着并把孙子再一次带到河边。这一次跑得飞快，但他回来之前水依旧漏完了，试了好几次后，男孩终于说："爷爷，篮子装不了水！这根本就没有用！"爷爷笑着说："你觉得没用，可是你再看看篮子。"男孩转过头看篮子，他发现，原本又破又脏的煤炭篮子，已经里里外外变得非常干净了。

读书就是这样的。书是河水，我们的心就是那个装过煤炭的篮子。我们每次用篮子去捞水时，什么也捞不起来，但是篮子会越来越干净。书读多了，虽然很难记得全部，但是我们的心灵就会慢慢变得纯净，想问题就更懂得开动脑筋、学会思考、学会选择、追求价值。

荡漾在阅读的世界里，享受书中旖旎风光，感受字里行间的深情美妙，吸收着成长的精神养分，反思行走的人生之路，让生命再沉淀，让心灵更纯净。

**二、阅读会让世界更有爱**

一本书就是一个世界，阅读越多，内心越沉稳，对世界越发充满爱。一个从小便培养孩子阅读习惯的家庭，必定深深地懂得读书对个人发展的重要性，他们对孩子言传身教的教育方式，必定会使孩子一生受用。而一个从小便热爱读书的孩子，长大以后，必定是一个内心极其富足且思维足够开阔的人，他热爱生活、热爱生命、热爱世界。

我们常说，在一个人的气质里，藏着曾经读过的书，走过的路，见过的人。因为气质是岁月长期沉淀的产物，是漫长时光所赠予我们最好的礼物。换句话说，你的内心是怎么样的，你的世界就是怎么样的。你读过的书，让思想活跃；你走过的路，让视界开阔；你见过的人，让情感升华。我们有时会说，好看的脸蛋太多，有趣的灵魂太少。那究竟什么是有趣，什么又是无趣呢？在我的理解里，有趣就是热爱自我，热爱生活且内心充满活力。即使阴天内心也装满阳光，不会因为环境而影响自己，永远保持行动和思想的高度统一，永远保持内心独立、自我清醒。这样的人，无论在什么时候都会有自己的思考和见地，不会一味地迎合或沉沦，从而失去立场，失去自己。我钦佩这样的人，同时把这样的人归为"有文化"的人。什么是有文化？至今我最喜欢的一个答案是：文化就是植根于内心的修养，无需提醒的自觉，以约束为前提的自由，以及为别人着想的善良。虽然读书不一定会让你有文化，但是有文化的人，一定热爱读书。因为读书是思想必需的营养，也是思想无穷的源泉。大家在阅读的世界相遇、相识、相依，让这个世界相互依存、相互激励、相互促进、共同发展！

书是通往知识的殿堂，书是穿梭历史的车轮，书是人类智慧的宝库，书是打开世界的天窗，足不出户，便能和千年前的圣人对话，便能和他国的科学巨人碰撞，默默吸收营养、修身养性。

**三、阅读会让生活更精彩**

读书是一种消遣，读书是一种旅行；读书是一种生活方式，读书是一种生命状态；读书不仅使自己有知识，还使自己有文化；读书是男人最好的营养餐，是女人最好的美容剂；读书是一种生活历练，一种品德修行；读书可以使自己阅历宽广，学识丰厚，精神充实，内心宁静，气质高雅，思想高贵。

喜爱读书的人，气质会由内而外地散发出来。容貌是心灵的体现，美好的心灵滋养着魅力的容貌，爱读书的人会有时光带不走的美丽。读书对内可激发自己的无限可能，对外可探索世界的无限可能。读书让沙漠里有炙热的风，火山口有蓝色的焰，雨林深处有静谧，雪山之巅有苍远。读书可以在别人的世界里，寻找自己，也会在自己的世界里欣赏别人。即使是一个放羊人，如果多读书，就会更了解羊群，了解草原，了解怎么照顾羊，怎么样把羊养的健康，怎样把羊卖出最好的价钱。这样我们才能更喜欢放羊，放羊也成为一种有诗情画意的生活，把放羊变成一种喜爱的事业，他甚至可能成为放羊的专家。

阅读不仅充实我们的人生，更让我们用不同的视角去看广阔的世界，去感受不一样的人生，去理解不一样的生命，去追寻精神世界的美好，去创造更精彩的生活！

**四、阅读会让生命更完整**

人生命的一半是物质，另一半是精神。读书是对精神的那一半生命活力的滋养，生命能量的补充。在地球上所有物种中，除物质之外还需要精神滋养的就是人类。只有人，有精神生活，有主观思维，会改造客观，追求生命价值，追寻人生幸福。

精神世界对人生来说是不可或缺的宝库。喜、怒、哀、乐，七情六欲，理想追求等是人生精神世界的重要内容。马克思给人下定义：人是各种生产关系的总和。人与人的关系，主要不是物质交往，而是精神交往。谈话、书信、亲情、爱情、学术、艺术等，都是精神活动。小孩子只知道好吃的东西最重要，而人一进入成年就会发现，精神满足更重要，精神世界更辽阔。所以才有为爱情而歌唱，为自由而斗争，为理想而献身。爱情、自由、理想、知识、艺术等等，靠什么来交流、传承？需要人生的追求、细腻的情感、广博的知识、深厚的功底、艺术的表达……只有在阅读的世界里才会找到更多的答案。

读书是一种充实人生的艺术。没有书的人生就像空心的竹子一样，空洞无物。书本是人生最大的财富。我们要努力创造一个高度发达的物质世界，实现人民共同富有，还必须创造一个强大的精神世界，实现人民的高阶价值。行走在阅读的世界里，才会走向生命的完整。

**五、阅读会让公民更时尚**

苏霍姆林斯基说：无限相信书籍的力量，是我的教育信仰的真谛之一。书籍是通过心灵观察世界的窗口，住宅里没有书，犹如房间没有窗户。前人穷一生之力写一本书，我们透过阅读文字，花两个礼拜便把他人一生经验的精华接收过来，转化成为自己的，我们就站上了他的肩膀上，登上更高的境地看更美的风景。

读书是一种对话，和外部世界的对话，同时也是和自己内心的对话。一个人通过阅读，不但能洞察外部的现实世界，同时也更清晰地显示出自我人格。教育的目的是完善人，而阅读是最核心的教育方式，是完善人的途径。朱永新先生说：从个人发展的角度看，一个人的精神发育史实质上就是一个人的阅读史；从民族发展的角度看，一个民族的精神境界，在很大程度上取决于全民族的阅读水平。犹太人让孩子们亲吻涂有蜂蜜的书本，是为了让他们记住：书本是甜的，要让甜蜜充满人生就要读书。读书是一本人生最难得的存折，一点一滴地积累，我们会发现自己是世界上最富有的人。

人与人最大的差距是追求精神世界的不同，而拉开差距的，就是我们是否热爱读书，是否有一颗往更高楼层攀爬的上进心。一个人，不能改变自己的形象，却能改变自己的气质；一个人，不能达到理想的高度，却能提高自己的水平。读书，会遇到更好的人，见到更精彩的世界，让自己拥有更好的选择。

作为社会一分子的每一个人，自身所形成的良好素质必然浸透到社会的每一个角落，让更多人感受到阅读带来的好处。因此，只有让阅读成为一种全民的生活方式，成为一种社会的新时尚，才能营造一种文明和美、相互依存、彼此关爱、积极向上的良好社会风尚。

在这个知识爆炸的网络时代，阅读虽然无法把我们变成一个完美的人，却让我们不断探寻真知，变成自己更好的样子。读书学习不仅关系到一个人的成长、成才，也关系到一个国家、一个民族的发展、壮大。给思想留一片芳草地，给心灵寻一处栖息所，给生命装一种发动机，有书籍的生活是明亮的，爱读书的人是幸福的！好读书、会读书、乐读书，让阅读成为现代公民的新时尚，成为振兴中华民族的新希望！

# 国际劳动节

## 劳动教育是创造幸福的教育

国际劳动节
2020年5月1日

  习近平同志在全国教育大会上指出，教育要"培养德智体美劳全面发展的社会主义建设者和接班人"，"要引导学生崇尚劳动、尊重劳动，长大后能够辛勤劳动、诚实劳动、创造性劳动。"总书记的重要论述，高扬劳动教育的鲜明旗帜，体现了党和国家教育方针的新要求，具有十分重要的现实意义和深远的历史意义。

  劳动是创造幸福的源泉，一切幸福需要劳动去缔造。劳动是新时代每一个中华儿女必备的基本素养和传统美德。马克思曾经说过："任何一个民族，如果停止劳动，不用说一年，就是几个星期也要灭亡。"劳动是人类世界最重要的活动，中华民族依靠艰苦的劳动创造了五千年光辉灿烂的文化，每一个现代人，都不可以不劳动，人人都有劳动的义务。教育部印发了《关于加强中小学劳动教育的意见》，提出要用五年左右时间，推动我国中小学建立形成优质多元、开放共享、个性选择的劳动教育多元课程体系，建立劳动教育课程超市，包括国家课程、地方课程、校本课程、个性化课程和选修课程等，涵盖基础课程、拓展课程、探究课程、融通课程、综合实践课程与国际课程等多元课程类型，以供学生自主选择劳动教育课程。新时代的劳动教育，要立足提升学生的核心素养和综合素质，不断推进劳动教育课程的高效实施，不断提高学生的劳动团队协作能力、劳动实践调研能力、劳动创新学习能力和自我发展能力，推进劳动教育课程整体育人，实现劳动教育全程育人和劳动教育实践育人。

### 一、劳动教育是创造幸福人生的第一教育

  美国实用主义教育家杜威认为教育即生活；人民教育家陶行知提出"生活

即教育"；苏联教育家马卡连柯曾指出"劳动永远是人类生活的基础，是创造人类文化幸福的基础"。劳动教育是创造幸福生活的第一教育，是新时代素质教育中的重要内容。我们要立足于新时代的发展，注重劳动教育，以劳立德、以劳育智、以劳健体、以劳益美、以劳创新，培养学生树立通过艰苦劳动创造幸福生活的精神。学生要学会生活，学会生存，学会发展，就必须学会劳动、善于劳动，创造性地去劳动。

新时代的劳动教育，要提升学生适应社会的能力，促进学生身心的健康成长；培养学生积极进取的精神，形成以劳动忠于国家、忠于人民的责任感。

劳动教育能帮助学生形成坚毅的品质，促进学生创新思维能力的发展。通过劳动教育，培养学生发现问题、观察问题、分析问题、判断问题、解决问题的能力，创新劳动学习和劳动教育实践的能力。

新时代的劳动教育是创造幸福人生的第一教育，是创造幸福生活的奠基教育。劳动教育创造新时代的生活方式和工作方式，让学生在新时代劳动教育中，获得新生活乐趣，有利于促进学生健康、持续、幸福成长。

**二、劳动教育具有十分重要的现实意义**

新时代的劳动教育具有十分重要的现实意义：劳动教育能培养学生认知劳动价值内核、忠于党、忠于国家和热爱劳动人民的真情实感；劳动教育可以促进学生的各门课程学习，培育实干精神、快乐与强健身心；劳动教育还让学生感受劳动美，创造劳动美，品味劳动美。

劳动教育是基础教育课程体系中一个独立的学科，当前全国中小学校都开设了劳动教育校本课程，但也有些学校认为劳动教育影响教育教学质量的提高。对此，苏联教育家苏霍姆林斯基对劳动教育有过论述，我们可以从中得到启示：劳动教育是中小学生素质教育极其重要的组成部分，劳动教育能提高学生的整体素质，劳动教育能帮助学生树立远大的理想，劳动教育通过脑力和体力的有机结合，能够不断促进学生智力开发。

**三、劳动教育如何课程化实施**

新时代的劳动教育是中小学教育极其重要的一个组成部分，是实施新课程改革和提高学生综合素质的主要途径之一。我校一直十分重视劳动教育，2011

年以来，学校就把劳动教育作为特色办学的一个重要突破口，在劳动教育校本课程的研发与实施方面积累了一定的经验。近七年来，我校从建设特色劳动教育师资队伍、劳动教育活动基地、劳动教育教学模式、课外劳动教育实践活动等方面展开研究，促使劳动教育能够与时俱进，实现了全面发展、特色发展以及可持续发展。

**（一）不断培育劳动教育特色队伍**

新时代的劳动教育实践，就是要不断深入推进劳动教育实践进程。我们强化师资建设，培养了一支劳动特色教育骨干教师队伍。一是强化理论学习，不断提升理论水准；二是虚心取经，向专家、学者拜师学艺；三是创新培训方式。安排劳动教育骨干教师参与各级教学教研活动，包括各级劳动教育优秀论文、优秀教案评选及劳动教材培训、劳动教育报告、劳动教育教学比赛等教育教学活动，让教师学习最新的劳动教育理论与劳动教学方法；四是加强劳动教育兼职教师培训，精选教师担任兼职劳动教师；五是共同研究劳动教育教学内容、教学模式、教学方法；六是劳动教育骨干教师上示范课，让兼职教师学习。劳动兼职教师上教学教研汇报课，共同探究劳动教育教学策略；七是特聘校外辅导教师。我校结合学校实际，主动整合校外师资力量，特聘专家、学者等校外辅导老师。主要采用两种形式开展活动：一方面校外辅导老师来校上课；另一方面让学生走出校园，到校外参加实践。这样做不仅拓展了学生的知识面，而且迅速提升了学校劳动教育教师的教育教学能力。

**（二）切实丰富劳动教育教学形式**

1. 注重劳动教育与必修课程相结合。根据必修课的教材教法内容和特点，将各学科课堂教学与校内校外活动有机结合，使学生在劳动教育教学活动中，提高知识和实验技能，获得实效，并进一步深化劳动教育。根据不同学段、不同学科的教材内容，结合不同学生的年龄特点，设计劳动教育系列活动。如每天做十分钟家务、种养校园最优美的花草、做好学校的服务生等等活动，在一定范围内补充了劳动教育课程的不足。

2. 加强劳动教育与魅力德育相结合。营造劳动教育氛围，精心设计新时代劳动教育长走廊，班级内鼓励种花，使校园成为新时代劳动教育的场所；积极开设学校"劳动周",组织开展学生家务周、劳动教育班会等活动,评选出校园"新时代学校劳动之星""新时代劳动教育优胜班"及"新时代劳动教育先进人物",营造人人要劳动、人人愿劳动、人人劳动好的优良氛围,让学生养成会劳动、能劳动、爱劳动、自主劳动的好习惯,体会到新时代劳动精神的高尚;通过组织学生整治校园卫生,帮助父母做家务活动,以及关爱空巢老人,参与社区义务劳动,培养新时代中小学生勇于担当的意识和社会责任感;学校每个学期每个班要开展三次以劳动为主题的班会,评选"新时代班级劳动之星",使热爱劳动、劳动光荣的思想意识扎根在新时代师生的心中。

3. 注重劳动魅力教育与校外义务劳动相结合。新时代劳动魅力教育课程的研发与实施,要注重课内与课外、校内与校外的结合,如每个学期组织几次校外公益活动,如地铁志愿者、社区服务,引导学生积极投身社会服务,也能有效展现新时代劳动教育的魅力。

**(三)拓展新时代劳动教育实践基地**

学校进一步拓展新时代劳动教育实践基地,是新时代劳动魅力教育校本课程研发与实施的重要环节。我们充分利用劳动实践基地,加强以劳动实践基地为依托的新时代校本特色课程研发及实施。

1. 深入开展新时代劳动魅力教育实践,学生主要在学校活动,所以必须建设和完善好校内基地。这是劳动教育推进过程中一项重要工作。在校内基地建设中一要满足学生劳动实践的需要,二要满足师生开展劳动科学探究实践的需要。

2. 实现新时代劳动教育和社会实践的有效统一,要提高学生的公民责任感,提高学生的创新意识以及适应社会的能力;要积极创设机会,拓展校外劳动教育基地,同有关机构建立共建关系,利用他们的场地和设备,开展劳动教育,使校外基地成为学生提升社会实践能力的重要场所。

3. 用活各种资源。要用活劳动实践基地,进一步拓展劳动教育实践基地,充分培养学生劳动技能,充实劳动教育校本课程开发,养成学生珍惜劳动的优良品质,不断创新魅力教育的实践成果。

**(四)形成新时代家校劳动教育合力**

家长是新时代学生劳动教育最早的和终生的老师,学生的家务劳动是他们的重要实践基地。通过各类新媒体宣传家庭劳动教育的重要性，引导家长高度重视，让家长以身作则，通过新媒体发布孩子参加家务的情况，激励孩子热爱劳动。另外，还可以利用中国所有的传统节假日，开展劳动教育。家长要定期带孩子走出校门，走进社区，走进农村，走进工厂，走进军营，让劳动教育实践走进新时代魅力学生的生活。

**四、劳动教育的创新实践**

新时代的劳动教育，要创新劳动教育教学模式，既要教给学生劳动技术，更要培养新时代学生的劳动创新精神，增强他们的劳动创新意识，提高其劳动科学探究的能力，不断提升学生劳动实践的能力。

1. 注重引领。劳动教育课堂导入要做到形式新颖、联系实际、科学规范。通过形式创新引领，激发学生的探究意识。

2. 深悟教本。采用问题引领的教学方式，提出探究性问题，引领学生去进行阅读和探究。让学生自制教具，自己整理材料，把握知识和技能，引导他们在探究学习中解决问题。

3. 典型讲解。典型讲解是劳动教育课的关键环节。针对学生在讨论中出现的共性问题，对难点、重点进行典型讲解，并注意充分发挥学生的主体作用和教师的主导作用。

4. 创新操作。分三个程序依次进行。

（1）以引导入手。先是引导学生看，发现特征与问题；再是启发学生想，引导学生学会解决问题的方法；三是指导学生说，了解学生。

（2）扶上马，送一程。学生在活动中自己以至小组都没法解决问题时，教师要扶他一程，同时再送他一程，举一反三，触类旁通，使其获得知识迁移的能力，从而培养其独立活动的能力。

（3）以探究为主。要充分满足学生的好奇心，发挥学生的探究力以及创造力，使学生各方面的素质得到提高。

5. 评价多元。要创新对劳动教育课的评价，一方面评出成功的作品好在哪里，让学生探究作品如何做得更好；另一方面评出作品存在哪些缺点，如何让作品得到合理修正。

6. 特色实践。将劳动教育与必修课和选修课紧密结合，形成持续发展的教育特色。让学生选择活动内容，鼓励学生参与课外劳动实践。根据学生年龄特征、兴趣爱好开设各类兴趣活动组。对于劳动特长生，允许参加多个小组，允许学生自由组合，集中展现新时代魅力劳动教育的活动成果。

### 五、学习国外先进经验，不断提升劳动教育水准

美国、日本等国家极其重视中小学生劳动教育。据统计，不同国家中小学生每日劳动的时间为：美国1小时12分钟，加拿大45分钟，德国40分钟，中国只有不到15分钟。日本中小学组织学生严冬时身着短裤在户外进行长跑，培养学生钢铁般的意志。因此，我们要培养学生从小就热爱劳动，能劳动、会劳动、自觉劳动，养成勤劳的习惯，不断培养勇于担当、善于超越的素质，不断提升中华民族的整体素质。

### 六、完善、创新劳动教育保障机制

强化劳动教育领导保障。各地各校要加强对劳动教育的领导，始终把做好劳动教育工作贯穿其间，以教育事业发展的需要推动劳动教育工作；各级教育部门的领导要敢于负责、敢于担当，理直气壮地抓劳动教育。

完善劳动教育保障机制。围绕劳动教育任务，要重点健全劳动教育制度，创新劳动教育机制，靠制度和机制的保障做好劳动教育工作。依靠科学手段保障运作。加强劳动教育的基础能力建设，逐级抓好落实工作。加强劳动教育资源信息系统管理，更新完善各类数据，为领导决策提供完整真实信息。加强教育管理部门自身建设。做好劳动教育工作，必须要靠加强管理部门自身建设作保障。

新时代劳动教育校本课程的开发与实施，给新时代的中小学劳动教育注入了新的活力，也让我们的校园充满浓厚、温馨的氛围。我校经过近七年的深入研究与实践，学校在劳动教育师资队伍建设、劳动教育实践基地建设、劳动课堂教学、学校劳动特色建设等方面获得了一定的成果。劳动教育同必修课各学科进行有机整合，使教师的操作、指导与学生的主动实践相互结合，形成了主动探究、手脑结合、乐于合作和勇于动手的学习方式，为创新中小学劳动与技术实践研究做出了贡献，提高了学生的创新能力，促进了新时代的劳动教育教

师理论水平的提高和专业能力的提高,为新时代学校的魅力教育特色建设做出了新的更多贡献。

恩格斯说过:"劳动创造了人本身"。新时代的劳动教育,是一种因人制宜的幸福教育,是以智慧劳动创造生活的人生第一教育。要加强对劳动教育地位和作用的认识,全面推进劳动教育的实施,创造更加适合学生发展的魅力教育,全面提升学生的核心素养,为学生的终身发展与幸福发展奠基,要以劳动教育承载着中国梦。

# 五四青年节

## 让五四精神焕发新时代光彩

青年是春天花丛中最芬芳的一束,是夏天河流中最激情的一滴,是秋天果园中最透红的一个,是冬天雪花中最圣洁的一朵。五月是繁花茂盛的月份,是激情昂扬的日子。1949年12月,中央人民政府政务院正式宣布5月4日为中国青年节,这是专属于青年的节日。

五四青年节源于1919年爆发于民族危难之际的"五四运动",这是一次彻底的反对帝国主义和封建主义的爱国运动,是中国近现代史上的一个伟大事件,形成了"爱国、进步、民主、科学"的五四精神,拉开了中国新民主主义革命的序幕,开启了中国青年运动的新纪元,促进了马克思主义在中国的传播,推动了中国共产党的建立。100多年来,在中国共产党领导下,一代又一代有志青年在五四精神的感召下,"以青春之我,创建青春之家庭,青春之国家,青春之民族,青春之人类,青春之地球,青春之宇宙",在战火纷飞的革命岁月,抛头颅、洒热血;在如火如荼的建设年代,忘我劳动、艰苦创业;在波澜壮阔的改革开放时期,勇立潮头、勇挑重担。在救亡图存、振兴中华的历史洪流中,谱写了一曲曲激昂澎湃、感天动地的青春华章。

五四运动以来,一代代中国青年满怀壮志拼搏奋斗,历史充分证明,青年始终是全社会最积极、最活跃、最有生气的力量,青年是标志时代的最灵敏的晴雨表,时代的责任赋予青年,时代的光荣属于青年。爱国主义是五四精神的源泉,民主与科学是五四精神的核心,反帝反封建是民主与科学的内容,解放思想、实行变革是实现民主与科学的途径,五四精神就是升华了的爱国精神。

因此，今天，我们纪念五四运动，就是要求广大青年弘扬五四精神，为振兴中华而努力奋斗。

### 一、要坚定信念，志存高远

青年时期是人生最好的时期，一定要树立远大理想。青年，是一个国家、一个民族无坚不摧的前进动力。五四先驱们坚定选择并积极传播马克思主义，促成了中国共产党的诞生，中国革命、建设、改革才有了主心骨。青年人要把个人理想融入国家和民族事业，奋斗才更有意义、青春才更加芳华。敬爱的周恩来总理在少年时期就立下"为中华之崛起而读书"的宏图大志，并一直为"愿相会于中华腾飞世界时"的理想而奋斗。广大青年要坚定不移跟党走，自觉把个人理想与民族复兴、把个人追求与社会责任结合起来，紧扣发展大局，找准人生坐标，施展青春才华，在伟大中国梦的精彩篇章中写下属于自己的精彩一页。

### 二、要珍惜时代，勇立潮头

青年一定要珍惜这个时代，紧跟时代潮流，担负时代使命，勇立时代潮头，争做时代先锋。五四运动中，广大进步青年积极投身革命洪流，翻开了中国革命新的篇章，自此，中国青年作为一支新生的社会力量登上历史舞台。当今世界正处于百年未有之大变局之际，我国处于近代以来最好的发展时期，新时代中国青年也迎来最好的发展时期。广大青年风华正茂，最少保守思想、最富进取精神，最具创造潜力，所以要继续发扬传统，扛起时代责任，激发拼搏精神，在火热的青春中放飞人生梦想。

### 三、要勤奋学习，敏于求知

古希腊哲学家苏格拉底说，知识即美德。诸葛亮言："非学无以广才，非志无以成学"。鲁迅先生说过："哪里有天才，我是把别人喝咖啡的工夫都用在工作上的""恰同学少年，风华正茂"，此时不努力，更待何时？要注重把所学知识内化于心，既要专攻博览，又要关心国家、关心人民、关心世界，学会担当社会责任。青年时期是成长成才最好的时期，一定要锤炼过硬本领。青年是苦练本领、增长才干的黄金时期。习近平同志在青年时期就养成了爱读书、爱学习、爱思考的习惯，到梁家河插队后上山放羊时看书，锄地休息时看书，晚上点着自制的煤油灯，一看就是大半夜。青年正处于人生成长的"拔节孕穗期"，特别是当今时代，新技术、新模式、新业态层出不穷，要适应新形势、应对新挑战，必须勤奋学习、苦练本领。广大青年要把学习作为一种生活方式，珍惜青春时光，敏于求知探索，既读有字之书、学精业务本领，也读无字之书、勤于社会实践，在知行合一中厚植成长进步根基。

**四、要修身养德，德才兼备**

加强道德修养，注重道德实践。蔡元培先生说过："若无德，则虽体魄智力发达，适足助其为恶。"修德，既要立意高远，又要立足平实。要立志报效祖国、服务人民，这是大德，养大德者方可成大业。同时，还得做好小事、管好小节，"见善则迁，有过则改"，踏踏实实修好公德、私德，学会劳动、学会勤俭、学会感恩、学会助人、学会谦让、学会宽容、学会自省、学会自律。中国历来讲格物致知、诚意正心、修身齐家、治国平天下。我们提出的社会主义核心价值观，把涉及国家、社会、公民的价值要求融为一体，既体现了社会主义本质要求，继承了中华优秀传统文化，也吸收了世界文明有益成果，体现了新时代精神。

**五、要笃实干事，知行合一**

扎扎实实干事，踏踏实实做人。道不可坐论，德不能空谈。于实处用力，从上下功夫，《礼记》中说："博学之，审问之，慎思之，明辨之，笃行之。"有人说："圣人是肯做工夫的庸人，庸人是不肯做工夫的圣人。"青年有着大好机遇，关键是要迈稳步子、夯实根基、久久为功。"天下难事，必作于易；天下大事，必作于细。"成功的背后，永远是艰辛努力。青年要把艰苦环境作为磨炼自己的机遇，把小事当作大事干，一步一个脚印往前走。只要坚韧不拔、百折不挠，成功就一定在前方等你。

"努力尽今夕，少年犹可夸"。青年人是国家和民族的希望。广大青年对五四运动的最好纪念，就是要在党的领导下，勇做走在新时代前列的奋进者、开拓者、奉献者，以执着的信念、优良的品德、丰富的知识、过硬的本领，同全国各族人民一道，担负起历史重任，用激情的奋斗，沉甸的收获，书写无悔的青春之歌，让五四精神放射出更加夺目的新时代光芒。

"及时当勉励，岁月不待人"，习近平同志指出："青年一代有理想、有本领、有担当，国家就有前途，民族就有希望"。当前，我们正处在迈向"两个一百年"奋斗目标的关键时期，需要广大青年更好地弘扬五四精神，不畏挫折，接续奋斗，在平凡岗位上，充分燃烧青春"卡路里"，奋力跑出青春"加速度"，当代青年一定能够担当起党和人民赋予的历史重任，在激扬青春、开拓人生、奉献社会的进程中，在实现中国梦的伟大实践中，再立卓越新功，成就属于自己的精彩人生，书写无愧于新时代的壮丽篇章！

# 母亲节

## 母亲是世间一切的荣光

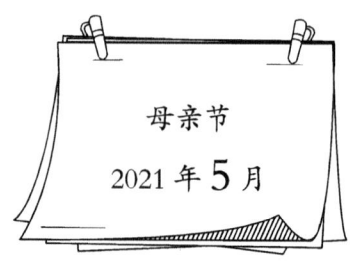

俗话说：父爱如山，母爱如水。

你是否还记得，每当放学回家时，妈妈总是在你想打开门的那一刹那已经为你打开；妈妈总是在你因贪玩晚回家时，在窗台上或门口翘首遥望，焦急万分。

你应该记得，在某个初冬的夜晚，窗外的寒风呼呼地吹着，你不禁打了一个冷战，望望窗外，漆黑一片，心想："这么冷的寒夜，连星星和月亮也回家取暖了吧。"这时妈妈却悄悄地走了进来，在你的书桌上放上一杯热气腾腾的牛奶，又给你披上一件厚外套，笑着对你说："现在天气这么冷，小心着凉，晚上盖那被子冷不冷？"你可能倔强地说："不冷。"妈妈让步了，还是笑着说："不打扰你了，早点休息吧。"说完，便悄悄地走了。而那杯热牛奶，那股暖流润润地流进你的心田，你感受到的是母爱浓浓的温暖。

母爱是我们黑暗中的灯光，经常照亮着我们。妈妈不仅创造了我们的人生，更为我们的人生赋予深重的意义。母爱是我们失意、绝望时的避风港，时时接纳我们、包容我们、鼓励我们。母爱是我们生命中的加油站，让我们奋力拼搏，在挑战中释放能量。

世间最伟大、最崇高、最细腻、最温暖的爱莫过于母爱。母爱像春天的甘露，滋润着一棵棵生命的幼苗；母爱像温暖的太阳，奉献着无私的光芒；母爱像辽阔的海洋，袒露着宽广的胸怀；母爱像肥沃的土壤，哺育着儿女茁壮地成长。春天，母爱给我送来鸟语花香；夏天，母爱给我送来绿荫凉爽；秋天，母爱给我送来菊艳桂香；冬天，母爱给我送来炉火温暖。无论是黑夜与白天的更替，还是开心和悲伤的共融、成功与失败的身后，总有一声叮咛伴随着我们，总有一个目光注视着我们，总有一个人在支持我们，这个人就是可敬的母亲。母爱，是人世间最仁慈的爱，是人世间最深情的爱！母亲节就是对伟大母亲的一种感恩，一种享受母爱的幸福，一种对母亲的深深纪念。

母亲节起源于古代希腊，在1月8日这一天，古希腊人向神话中的众神之母赫拉祭祀致敬。到了17世纪中叶，节日流传到英国。现代意义上的母亲节起源于美国，1913年，美国国会将每年5月的第2个星期日，作为法定的母亲节。人们通过各种方式来表达对母亲的感激和爱，唤起人们铭记母亲的恩情。中国人以自己特有的方式表达浓浓的亲情，在母亲节这一天，人们会送给母亲鲜花、蛋糕等礼物，或者亲手为母亲烹制饭菜。母亲节，就是谢恩节，谢尔慈，谢尔恩，谢尔予我之今生。如今，敬重母亲，弘扬母爱的母亲节，在中国已成为一个约定俗成的节日。

我们每个人都是沐浴着母亲的恩情长大的，其中多少艰难困苦，真是难以尽诉。中国唐朝诗人孟郊有诗："慈母手中线，游子身上衣，临行密密缝，意恐迟迟归。谁言寸草心，报得三春晖。"自古以来，母亲用最博大无私的情怀哺育一代代人成长，使人类生生不息，不断发展壮大，母亲最值得社会的尊重。《诗经·卫风·伯兮》里载："焉得谖草，言树之背？"这两句诗的意思就是：我到哪里弄到一支萱草，种在母亲堂前，让母亲乐而忘忧呢？又如孟郊的游子诗："萱草生堂阶，游子行天涯；慈母依堂前，不见萱草花。"叶梦得有诗云："白发萱堂上，孩儿更共怀。"在母亲节，我们为母亲送上一株忘忧草，祝福母亲远离烦恼和忧愁，身心愉悦，健康长寿。

我们一生都有两个母亲：一个是生我的那个母亲，一个是我的祖国母亲。我们对这两个母亲都怀着崇高的敬意。生你的母亲，是给你生命的母亲，是用乳汁养大你的母亲！而提供你稳定的工作、生活环境，创造你人生更多价值的是祖国母亲。母亲是一个个"平凡"的人，她们只是中国千百万劳动人民中的一员，但正是她们创造了中国的历史，她们是中国精神的传承者，她们培养出了中华民族的栋梁，造就了伟大的民族。祖国太伟大了，无论用什么词汇，都表达不出我们对祖国的深厚感情，而只有"母亲"这个词才能表达我们对祖国最忠诚、最纯洁、最真挚、最深厚、最伟大的感情。我深深爱着我的祖国母亲，不论走到哪里，都是中华民族的子孙！优美秀丽的江南风光，雄伟豪放的北国山川，气势磅礴的长江、黄河，号称世界屋脊的喜马拉雅山脉……都是那样的令人神往。我们热爱伟大的祖国，如同热爱伟大的母亲。孩子热爱母亲，是因为母亲给了他伟大的母爱；我们热爱祖国，是因为祖国母亲给了我们更为珍贵的东西。没有祖国母亲，就没有我们的安栖之所，就没有我们做人的尊严，就没有我们家庭的安宁，就没有我们所拥有的一切！都听说过一首歌曲，它的名字叫作《国家》，里边有这么一段歌词："都说国很大，其实一个家；家是最小国，国是千万家。"身边的家，心中的国都诠释着幸福的含义。正因为祖国母亲与个人息息相关，所以，苏武可以忍辱负重，牧羊风雪；霍去病可以报效国家，有家不还；谭嗣同可以去留肝胆，笑傲刀丛；孙中山可以百折不回，上下求索……循着历史的源头，我们不难发现，一部中国史，其实就是一部深深的爱国史！

我们伟大的祖国母亲即将72华诞了。敲响那一排铜质的编钟，浑厚而清亮的左音右韵由远及近，穿越那五千年悠悠岁月，响起阵阵回声，在亿万炎黄子孙的心中凝结一个主题：祖国母亲！五千年来，祖国母亲成就了多少仁人志士。古代"四大发明"威震四海；近代，林则徐烧毁英国鸦片，英名大振，三元里抗英斗争风起云涌。祖国母亲经历了多少艰难的历程！忘不了悲壮的甲午战争，忘不了圆明园燃起的冲天大火，忘不了震惊中外的南京大屠杀，忘不了黄浦江畔"华人不得入内"的牌子，为了洗雪国耻，为了拯救危亡，多少中华儿女前仆后继。我们以瞿秋白手中的那束野花，以方志敏身上的那份清贫，以杨靖宇腹中的那些草根，以刘志丹胸前的那块补丁，以焦裕禄窗前的那盏油灯，以孔繁森雪原上留下的那串脚印，唱响您的灵魂与精神；我们以岳飞的一阕《满江红》，以文天祥的一腔《正气歌》，以鲁迅的一声《呐喊》，唱响您不屈的尊严与神圣。72年前，拥有五千年灿烂文明的古老中国获得了新的生命力，中华巨龙不断崛起。我们为祖国母亲创造了一个又一个震惊世界的奇迹。唱一首五月颂歌，那五月颂歌，是从守卫在帕米尔高原冰雪哨所的战士们心中流露出来的，是从中国南极长城站考察站队员挥动的红旗中飘出来的，是从炎黄子孙拳拳的心中涌出来的。为了美丽的祖国，我们沿着黄河与长江的源头，漂流而下，从《诗经》中"坎坎代檀"的江边，到《史记》"金戈铁马"的楚河汉界；从郦道元的《水经注》，到苏东坡的《大江东去》；看青藏高原脉动的祖国，看黄土高坡起伏的祖国，看河西走廊、华北平原富饶与辽阔的祖国，看烟花苍茫、千帆竞发、百舸争流的祖国，看祖国千里马般日夜兼程的超越，看祖国繁荣的霓虹灯日夜闪烁，这是一个如日中天的祖国！我们在星光灿烂下倾听新时代的最强音，伟大的祖国母亲，你把住新世纪的航舵，你用勤劳，你用实力，你用速度，你用智慧，进行了一次又一次更加辉煌的创造！

五千年漫漫征程，一路风雨一路行。中华民族曾有过向世界开放，国力强盛的汉唐辉煌，也有过闭关锁国，落后挨打的近代耻辱。如今走向世界的中国，脚步迈得更加铿锵、更加豪迈。民族复兴，指日可待；中华腾飞，势不可挡。中华民族是一个伟大的民族，爱国主义精神是中华民族最美的花朵。鲁迅先生说过："惟有民族魂是值得宝贵的，惟有它发扬起来，中国才有真进步。"我们是祖国母亲的儿女，是新时代中国强盛的主力军。我们要高举习近平新时代中国特色社会主义思想伟大旗帜，用百倍的努力，提高综合素质，把自己培养为"德智体美劳全面发展的中国特色社会主义建设者和接班人"，用自己强健的双手再创祖国的辉煌！

穿越时代风云，光灿彪炳千秋。衷心地祝福您，生我养我的母亲，日子越过越甜美！伟大的祖国母亲，在您72华诞来临之前，让我们送上最深情的祝福："祖国与天地同寿，江山同日月争辉！"我们的祖国母亲会让我们每一个中华儿女披上最耀眼的彩虹，新一代中国领导人正继往开来，吹响实现中国梦的新时代号角，带领着中华民族奔向新辉煌！

# 国际儿童节

## 让星星火炬永放光芒

国际儿童节
2021年6月1日

在这绿草如茵、生机勃发的初夏时节，我们迎来了第71个六一国际儿童节。童年是多彩人生的开端，六月的阳光，因你们的笑脸而灿烂；六月的天空，因你们的成长而湛蓝。恰同学少年，风华正茂；书生意气，挥斥方遒，美丽的中国梦属于你们。

今天是一个欣喜的日子，少先队旗承载心愿翩翩飞舞，绿茵鲜花伴随希望阵阵飘香，红领巾环着胸前猎猎飞扬，先锋队歌萦绕校园响彻云霄，一双双明亮的眼睛流露着幸福，一张张可爱的笑脸洋溢着快乐。花开新时代，筑梦向未来。中国少年先锋队是中国共产党创立的全国少年儿童组织，是少年儿童学习共产主义的学校，是建设社会主义和共产主义的预备队。少年儿童是祖国的未来，是民族的希望。你们正处于一个充满希望和挑战的新时代，你们是新时代的小主人，你们是幸运的一代，也是肩负使命的一代，今天你们是天真烂漫的人间天使，明天将成为建设祖国与社会的栋梁，中华民族的伟大复兴要靠你们去奋斗！要肩负起这样的神圣使命，就必须把自己锻炼成为适应社会主义现代化建设需要的杰出人才，因此，学校一直热切地关注着你们的健康成长，希望你们严格要求自己，在家庭做一个好孩子，在学校做一个好学生，在社会做一个好公民，让星星火炬永放光芒。

**一、培养规则意识，珍爱美好生命**

"人生只有一次，安全高于一切，安全重于泰山""安全无小事，时时处处讲安全"。要培养规则意识，遵守规则不是失去自由，而是为了更好地保护自己。自由和规则并不是一对冤家，而是每天都结伴而行，只有心存规则，长大以后才能更好地适应社会。"道路千万条，安全第一条"，希望全体少先队员和小朋友们，要牢记老师们的教导，遵守交通规则，注意生命安全。做到不下河玩水，不买不吃三无食品，养成不吃零食、不喝生水的良好习惯；不玩电、不玩火、不爬高，不做危险的游戏，校园内不追逐打闹；遵守交通规则，上学、放学靠右行走。人人争做讲文明、有礼貌的文明小使者，为创建平安校园、和谐校园、书香校园、魅力校园、生命乐园，做出自己应有的贡献。

**二、树立远大理想，培育健康人格**

理想是风帆，是航标，在儿童时代，树立远大的理想，就是为人生确定一个前进的航向。理想是人生的太阳，是催人奋进的动力。少年有志，未来有望。全体少先队员们，小朋友们，希望你们志存高远、理想远大。要明确自己的历史责任，要树立爱国、报国、强国的远大志向，培养对国家和社会的使命感和责任感，努力把个人的志向同国家民族的前途命运紧密结合起来。把个人的成长同新时代的发展进步紧密结合起来，把个人的奋斗同社会的需要紧密结合起来。要继承和发扬中华民族的传统美德，从一点一滴、一言一行做起，逐步养成珍惜时光、文明礼貌、团结互助、诚实守信、遵纪守法、勤俭节约、尊敬师长、热爱劳动、勇于创造、包容大气、欣赏激励、懂得感恩、奉献社会的健康人格，立志为祖国争光，为学校添彩，努力成长为新时代中国特色社会主义事业的合格接班人。

**三、勤奋好学多问，激活创新思维**

习近平同志曾寄语全国各族少年儿童从小学习做人、从小学习立志、从小学习创造。"少年易老学难成，一寸光阴不可轻。未觉池塘春草梦，阶前梧叶已秋声。"在科学技术突飞猛进、国际竞争日趋激烈、社会发展日新月异的今天，少年儿童要成就人生、奉献国家，必须掌握丰富的科学文化知识，从小打牢知识根基。"少壮不努力，老大徒伤悲"，希望你们要有强烈的求知欲和上进心，要珍惜美好年华，勤奋好学，锤炼成才。从积极做好每堂课的主人、主动学好每一门功课、热情参加每一次实践活动做起，培养良好的学习习惯，善于思考、敢于提问、勇于探究、大胆创造、勤于动手、积极实践，不断增强创新能力和实践能力,为可持续发展打好基础。创新是一个民族进步的不竭动力,少年儿童要从小培养创新思维,要把创新变成自己的良好习惯,要敢于提出问题,敢于发现问题,拓展思维空间、努力超越自我,这样才能适应新时代发展的要求,才能不断推动社会的进步。

**四、锻炼强健体魄,塑造精神品质**

自古英雄出少年。新时代少年儿童不要做温室里的花朵,而要做敢于搏击风雨的雄鹰。要坚持体育锻炼,不断增强体质,以适应完成学习任务和将来担负繁重工作的要求。自觉养成不怕吃苦、不怕挫折、不怕困难、知难而进的勇敢精神,塑造勇于探索、富于想象、善于创造、团结协作的精神品质,不断锤炼自己,健康身心,增长才干,以积极进取的精神状态迎接未来的挑战,为鲜红的少年先锋队旗增光添彩,为社会主义新时代的建设添砖加瓦。

当前,面临着深化新时代教育改革的趋势,全体干部、教师要增强政治意识、大局意识、核心意识、看齐意识、责任意识,求实创新,与时俱进,进一步深入贯彻执行党的教育方针,落实新时代未成年人思想道德建设工作,构建起学校、家庭及社会"三位一体"的合作育人体系,本着对国家和民族未来高度负责的精神,牢固树立"爱护儿童,教育儿童,为儿童作表率,为儿童办实事"的公民意识,共同关心、支持和积极参与少年儿童教育培养工作,切实维护好少年儿童的合法权益,形成做好少年儿童工作的整体合力,注重"五育"并举,努力培养德、智、体、美、劳全面发展的社会主义事业接班人,共同成功创建魅力教育卓越新品牌!

《道德经》有言:"合抱之木,生于毫末;九层之台,起于垒土;千里之行,始于足下",儿童时代是美好人生的开端,远大的理想在这里孕育,高尚的情操在这里萌生,良好的习惯在这里养成,生命的辉煌在这里奠基。真诚地希望小朋友们要珍惜美好生活,不辜负党和人民的殷切期望,不辜负父母的厚爱,不辜负老师的精心培养,树立远大理想,养成优良品德,培养过硬本领,历练健康身心,从小事做起,从现在做起,好好学习、天天向上,争做新时代的弄潮儿。

可爱的孩子们!节日快乐!童年幸福!

# 端午节

## 粽情千古爱国心

"疏疏数点黄梅,重五又逢端阳"。端午节,又称端阳节,门插艾,香满堂,吃粽子,洒雄黄,龙舟下水喜洋洋。中国传统文化源远流长,农历五月初五是我国的传统节日端午节,至今已有两千多年的历史。人们通过包粽子、赛龙舟等形式来纪念一位伟大的诗人,一个名垂青史的爱国者,一颗不朽的精神灵魂——屈原。

唐代文秀诗云:"节分端午自谁言,万古传闻为屈原;堪笑楚江空渺渺,不能洗得直臣冤。"端午节开始于春秋战国时期,是爱国的节日。据《史记·屈原贾生列传》记载,屈原是春秋时期楚国楚武王熊通之子屈瑕的后代,一生经历楚威王、楚怀王、顷襄王三个时期,此时正值中国即将实现大统一的前夕,"横则秦帝,纵则楚王"。屈原主要活动于楚怀王时期,他为人正直,学识渊博,又明于治乱,娴于辞令,他主张变革,举贤任能,变法图强,极有才干,故而早年深受楚怀王的宠信,位居左徒、三闾大夫,仅次于宰相。屈原为实现楚国统一大业,对内积极辅佐楚怀王,对外坚决主张联齐抗秦,使楚国一度出现了国富兵强、威震诸侯的局面。但在内政外交上,屈原与楚国腐朽贵族集团发生了尖锐的矛盾,受到大贵族子兰、上官大夫等的嫉妒、打击、排斥,后来遭到楚怀王的疏远,他被流放江南,辗转于沅、湘二水之间。在流放中,他满怀对楚国和楚国人民的热爱,写下了《离骚》《天问》《九歌》等独具风格、内涵丰厚、影响深远的不朽诗篇。"长太息以掩涕兮,哀民生之多艰",正是他忧国忧民的真实写照。顷襄王二十一年(公元前278年),秦将白起率大军攻破楚国首都郢，楚地尽失，屈原心如刀割，悲愤至极，但他始终不忍舍弃自己的祖国，遂于农历五月初五，在写下绝笔作《怀沙》之后，抱石投汨罗江，以身殉国，表现了"虽九死而犹未悔"的斗争精神，同时也体现了他忧国忧民、爱国爱民、矢志献身祖国的决心，谱写了一曲壮丽的爱国主义篇章。

"楚湘旧俗，记包黍沈流，缅怀忠节。谁挽汨罗千丈雪"。屈原投汨罗江之后，人们自发的把装米的竹筒投入江中，万舟齐发，鼓乐呐喊，吓退蛟龙，以此表达对屈原的怀念和崇敬。现在演变成为吃粽子、赛龙舟等习俗，经过千百年的传承，屈原的爱国主义情怀与端午节的人文内涵已有机融合，端午节成为中国人民传递爱国主义精神和情感的重要仪式，它凝聚着我们的民族精神和民族情怀，是中华民族文化遗产的重要组成部分，是展示和传播优秀民族文化的重要载体，也是进行爱国主义教育的有效形式。端午节作为我国人民对以爱国诗人屈原等为代表的爱国先驱表达缅怀之情、崇敬之意的传统节日，以其丰富的文化内涵和周期性、民族性、群众性特点，深深地融入人们的日常生活和精神世界，成为人们抒发爱国情感，弘扬民族精神，传承中华文化，凝聚中华力量的重要节日。作为一位杰出的爱国志士，屈原爱祖国爱人民、坚持真理、宁死不屈的伟大精神和高尚人格，千百年来感召和哺育着无数中华儿女，尤其是当国家民族处于危难之际，这种精神的感召作用就更加凸显。

端午节是中国最早的"卫生防疫节"。端午前后正是春夏交替之际，天气炎热，多雨潮湿，蚊虫滋生，病虫毒害渐多，是传染病的高发时节。人们在端午节前后插艾叶、悬菖蒲，用以驱赶蚊子，净化空气，后来又加上石榴花、大蒜和龙船花，合称"天中五端"。端午这一天，成年人喝雄黄酒和菖蒲酒，小孩佩戴香囊预防疾病。

端午节是体育节，这一天人们要在水上赛龙舟。龙舟竞赛是一项很有活力、特有气势、极具合作精神的竞技活动。龙舟竞赛能够促进民众团结、强身健体，对群众性的水上运动，起到了很好地推动作用。现在每年都举行"屈原杯"龙舟赛，龙舟竞赛已演变成一项国际体育赛事，对加强国际友谊，能起到纽带的作用。

在中国历史上，屈原是一位受人民景仰和热爱的诗人。"屈平词赋悬日月"，这是诗仙李白对屈原的评价；苏轼评价他，"吾文终其身企幕而不能及万一者，惟屈子一人耳"；郭沫若评价他为"伟大的爱国诗人"。屈原是中国历史上第一位伟大的爱国主义诗人，是中国浪漫主义文学的奠基人，被后人誉为"中华诗祖""辞赋之祖""诗魂"。屈原的出现，标志着中国诗歌进入了一个由集体歌唱到个人独创的新时代。他开创浪漫主义诗歌之先河，创立了"与天地兮同寿，与日月兮同光"的楚辞文体，开辟了"惟草木之落兮，恐美人之迟暮"的香草美人传统。他奔流肆意的想象，源源不绝的才情，似江河汇聚成大海一般，浩瀚无垠。鲁迅先生评价《史记》为"史家之绝唱，无韵之《离骚》"，与《史记》具有同等价值的是《离骚》，一共373句，是我国最长的一首浪漫主义抒情诗。这是屈原留下的千古绝唱，在中国文学发展史上，闪耀着不可磨灭的光辉。屈原诗篇有着固有的民族特色，然而也具有普遍的世界意义，屈原的思想是全人类的财富。

今天我们纪念屈原，主要是学习他挚爱祖国、深爱人民、坚持真理、宁死不屈的伟大精神和他"可与日月争辉"的人格力量。屈原作为一个改革家，他的政治理念，他的改革期望，都因当时的客观条件和残酷的社会现实而失败了。但作为一个伟大的爱国者、思想家和文学家，他成功了。"举世皆浊我独清，举世皆醉我独醒"是他的气节，"路漫漫其修远兮，吾将上下而求索"是他的伟岸。他如菊的淡雅，如莲的圣洁，为后人颂扬，激励感染了无数中华儿女前行的脚步！因为有了他，才有岳武穆"壮志饥餐胡虏肉，笑谈渴饮匈奴血"的男儿情怀；才有文天祥"人生自古谁无死，留取丹心照汗青"的无畏精神；才有陆游"王师北定中原日，家祭无忘告乃翁"的无限期盼……虽然屈原已经远去，但他的爱国品质却永远与我们同在——那就是中华精民族记忆在血液中的精神之魂！

屈原的伟大，不仅是他刻骨铭心的诗句，更是他矢志不移的爱国精神，不与奸佞小人同流合污的高风亮节。五千年中华文明史少不了屈原，灿烂的中国文学史少不了屈原，梁启超认为屈原是"中国文学家的老祖宗"。郭沫若历史剧《屈原》，抗日战争时期在重庆公演，激起了中国人民的爱国热情，投入抗击日本侵略者的民族战争。屈原是一位跨越时空，体现中华民族精神的杰出典范。

民族精神是一个民族赖以生存和发展的精神支撑。一个民族，没有伟大的精神和高尚的品格，不可能自立于世界民族之林。屈原是中华民族的灵魂，他那高尚的政治情操，不屈不挠的斗争意志，壮怀激烈的气节和风骨，融注着民族伟大而悠久的历史精神，显示了民族的无穷力量。屈原虽去，但那两千多年的江水，还在倾诉他的赤诚，他的风骨活在粽子和艾叶的清香里。不管时光如何变迁，他永远生活在历史的长河里，永远铭记在人们的心中！

端午节作为中国首个入选世界非遗的传统节日，蕴含着中华民族优秀的传统文化，延续着我们国家和民族的精神血脉，既需要薪火相传、代代守护，也需要与时俱进、推陈出新。只有民族的才是世界的，1953 年，屈原已被列为世界四大文化名人之一，受到世界和平理事会和全世界人民的隆重纪念。

> 粽情千古爱国心，担当使命创未来；
> 喜逢百年庆华诞，雄心壮志强中华！

# 父亲节

## 父亲是生命里的太阳

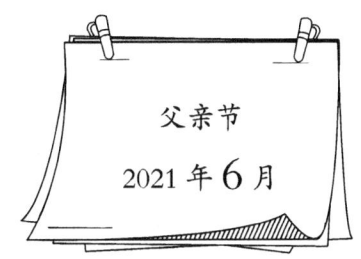

父亲节，愿天下所有失去父亲的儿女，为父亲祈愿，祈愿父亲在天堂一切安好！

愿天下依然拥有父亲的儿女，对父亲尽孝，用自己最大的能力去回报！

6月是一个多彩的季节。6月的天空分外湛蓝，6月的阳光分外妖娆，6月的花儿分外鲜艳；6月是一首动听的歌，激荡着我们的心如潮涌动；6月是一首美丽的诗，吟诵出思想的火花。今年6月20日是父亲节，这是一个美好的日子，它表达了对父亲的爱戴和尊敬。我们每个人都是在母亲和父亲的呵护下健康成长的，在人们的心里，最难忘的是妈妈的手，爸爸的背。父爱，虽不如母爱那般细致，那般精心，却如山一般重，海一般深；父爱，不是诗篇，胜似诗篇。在人类爱的长河里，父爱和母爱同样伟大。父亲给了我们一片蓝天，给了我们一方沃土，父亲是我们生命里永远的太阳，由衷地祝福天下所有的父亲幸福安康！

父亲节，顾名思义是感恩父亲的节日。世界上第一个父亲节，1910年诞生在美国，是由美国华盛顿州的布鲁斯多德夫人倡导的。1972年，美国总统尼克松签署正式文件，将每年6月的第3个星期日定为美国的父亲节，并成为永久性的纪念日，现已广泛流传于世界各地。在美国，父亲节这一天，凡是父亲已故的美国人都会佩戴一朵白玫瑰，表达对父亲的敬重和思念，而父亲在世的美国人则佩戴红玫瑰，父亲节当天早餐是由子女们来做。日本人给父亲念感恩信，搓背。德国人与父亲同喝啤酒以示庆贺。中国没有设立正式的父亲节，但人们通常也以 6 月第 3 个星期日作为父亲节。与外国人庆祝的方式不同，我国庆祝父亲节的形式多种多样：如分享与父亲多年来的成长"萌照"，拍摄微电影回忆与父亲的点滴生活，以漫画记录成长中与父亲有关的故事，做一道自己拿手的菜让老爸高兴一下，带着父亲在城市周边的旅游景点游玩散散心，精心挑选礼物表达心中对父亲最唯美的愿望，和父亲一起聚餐、唱歌、欢笑等，用各种方式表达着对父亲的感恩之情。

苏联作家高尔基说过：父爱就像一本震撼心灵的书，读懂这本书，就读懂了整个人生。无论春夏秋冬，不管天南海北，我们在哪里，父爱就延伸到那里。父爱这字眼是多么的平凡，但这种爱是多么的不平凡。恐惧时，父爱是一块踏脚的石；黑暗时，父爱是一盏照明的灯；枯竭时，父爱是一湾生命的水；努力时，父爱是精神上的支柱；成功时，父爱又是激励者、警钟者。父爱就像春天里的第一缕阳光，像夏天里的一阵清风，像秋天丰收时的喜悦，像冬天里的一把火……父亲的爱似乎看不见、摸不着，但只要用心感受，我们都能体验、享受到美好。人们选择一年之中阳光最炙热的 6 月过父亲节，原因在于它蕴含着父亲给予子女最真挚、最阳光的爱。说起阳光，我们都不陌生。就是那个无时无刻不陪伴在我们身边，给予世界温暖、光明与生命的阳光。在我们的世界里，还有一缕阳光，同样也给我们带来了光明与温馨。阳，就是我们内心世界里的阳，既是阳光的阳，又是太阳的阳。不同的是，我们的这个太阳闪烁着的是崇高父爱的光辉。有人说父爱如山一样沉重，我们觉得父爱如太阳般神圣。父亲就是我们生命里的太阳，父亲对于我们，就像太阳照亮了地球。父亲，对于每个人来说都不仅仅是一种称谓、一种身份，而且是一种责任、一份寄托、一座强有力的靠山。

父亲，一个平凡而又伟大的名字！是谁，用铁的臂膀，为我们撑起一片灿烂的天空？又是谁，用勤劳的双手，为我们构建一个幸福的家园？是您，我们那慈祥而严肃的父亲！父亲是大海，胸怀宽广，容纳百川；父亲是一把伞，为我们遮风挡雨，使我们远离困境；父亲是一艘船，载着我们，乘风破浪，驶向幸福的港湾；父亲更像是一棵树，春天能倚着遐想，父爱像滴滴甘露，滋润着我们的心房；夏天能靠着乘凉，父爱像阵阵凉风，轻轻地拂过身旁；秋天能使我们变得成熟，父爱是累累硕果，让我们看到成功的希望；冬天能教我们变得坚强，父爱是缕缕阳光，赋予我们自信和力量！春夏秋冬，日月轮转，时光的痕迹，悄悄爬上您的脸庞；风雨的磨砺，使您饱经沧桑。忘不了，您谆谆教导的情景；忘不了，您骑车载送孩儿上学的背影；忘不了，我们迟归时您目光中的忧愁；忘不了，我们生病时您脸庞上的担心；忘不了那一幕幕……每一位父亲都将自己所有的爱倾注在子女身上，每一位父亲的爱都是无私的。从我们诞生的那一刻起，父亲的目光就都投到我们身上，从不曾离开过。父爱与母爱的区别在于母爱是细腻的，而父爱则是在日常生活中不经意间流露的，或在危机时刻体现出来。父爱是沉默的，博大的胸怀与安全的依靠就是他的全部；父爱又是绵长的，无声的支持与坚定的眼神就是他的永恒。这爱仿似大海，包容而壮阔，这爱仿似呼吸，细腻而清新。

我国古代第一部诗歌总集《诗经》有云："父兮生我，母兮鞠我，抚我，畜我，长我，育我，顾我，复我"。有一首从小就开始唱且百听不厌的歌曲：草鞋是船，爸爸是帆，伴我去起航。父爱是山，高大威严，屹立不倒，让我们这些小树苗在他的怀中长大，风雨飘摇也依然耸立。父爱是水，深藏不露，默默奉献，滋润我们心灵里每一个干涸的地方，别处雨少时，我们这里就像带着水珠的荷叶是清凉的。父亲是风，柔和而多变，总是轻轻拂过我们哭泣的脸庞，吹干我们的泪水，让我们重见笑容。父亲的爱是在日常生活中体现的，有时可能只是一句小小的问候，却无比暖人心。在每天繁忙的工作之余，父亲还要操心家里的事，诉说我们成长的事。父亲是勇气和力量的源泉，是希望和信心的化身。尤其在做人、求学的岁月里，父亲留给我们的是坚强和忍耐，无论过去多长时间，父亲依旧在默默无语地奉献自己。这是为什么？是伟大的父爱，是血浓于水的亲情，是无尽的责任。父母赋予了我们生命，而生命又是如此美好，如此多彩。我们更应该感恩父母。生活中我们更多地在赞美母亲，赞扬母爱，很少谈及父爱。感谢父亲，感谢他深沉而炽热的爱；感谢他无私的付出，为我们创造了优越的生活条件，在优美的环境中学习，让我们享受童年的快乐；感谢父亲成为我们的人生加油站，成为我们的良师益友，成为我们温暖的避风港。母爱有声，父爱无言，父爱可能就藏在呵斥中，也可能藏在巴掌里，但无论它藏在哪里，我们都要理解那份深沉的伟大的父爱！

"乌鸦有反哺之意，羊羔懂跪乳之恩"。父亲节更要感恩，我们用一生的行动去回报父亲。父爱如山，情深似海，是您让我知道了海洋的广阔、山的厚重和心灵的感恩。但又有多少人向自己的父亲表达过感激之情？感恩是要行动，而不只是心动。父亲为我们做了那么多的事情，我们是不是也应该像鸟儿和树叶一样知恩，用同样的爱回报他们呢？作为子女，应该反省过去的一年是否做到孝敬、关心父母。我们不仅要尊重自己的父亲，不仅要用最真诚的心去感谢父亲，关心父亲的健康，还要在力所能及的范围内帮助父亲，减轻父亲的负担，珍惜父亲的劳动成果，用功读书，努力工作，积极向上，用自己的健康成长去回报伟大的父亲。我们要用热爱学习、热爱工作、热爱生活、昂扬向上的精神面貌，驱逐他们心中的烦恼，给他们带来快乐和欣慰！我们要在以后的工作、学习、生活中，铭记父母的养育之恩，并用一种感恩的心态，对待父母为我们所做的一切。对父亲来说，孩子的健康快乐成长，就是父亲最大的欣慰。父亲是成功的榜样，又是不断推动我们走向成功的人。

"胸怀千秋伟业，恰是百年芳华"。百年党史显初心，世纪回眸勇前行。中国已经开启全面建设社会主义现代化强国新征程，面对新百年、新使命、新挑战，我们要不忘初心、牢记使命，锐意进取，勇敢向前，用丰硕的学习成果和工作业绩鼓舞斗志，为实现中华民族伟大复兴的中国梦而不懈奋斗，才能不辜负父亲的期望！这也是我们对父亲最好的感恩！

# 建党节

## 他们正奔走在魅力教育改革的新路上

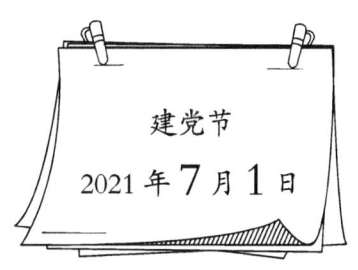

建党节
2021年7月1日

"潮涌风劲正扬帆，砥砺奋进新时代"，2021年是中国开启全面建设社会主义现代化国家新征程的第一年，喜逢中国共产党百年华诞，也是"北实"新百年及"三五"规划的开局之年。站在"两个一百年"的历史交汇点，北京实验学校将全面贯彻党的教育方针，坚持以习近平新时代中国特色社会主义思想为指导，全面深化学校各项改革、全面依法治校、依法执教，全面从严治党，坚定不移贯彻上级领导指示精神，以推动学校教育高质量发展为主题，以激发师生主体成长为主线，以魅力教育改革为根本动力，以满足办人民满意的教育为根本目的，统筹学校发展和师生成长，加快建设现代学校魅力治理体系与现代学校制度，加快构建以学部内教师大循环为主体、学校学部间双循环相互促进的学校新发展格局，推进学校治理体系和治理能力现代化，实现学校教育行稳致远、学校安定和谐、幼小初高一体发展，为全面建成魅力教育卓越品牌而努力奋斗！

**一、学习党史激发斗志，弘扬伟大革命精神**

习近平总书记在党史学习教育动员大会上强调，"全党同志要做到学史明理、学史增信、学史崇德、学史力行，学党史、悟思想、办实事、开新局"。百年奋斗历程所积累的丰富经验、所带来的精神激励，对于中国共产党而言，是最直接、最真切也最宝贵的。学校党委班子成员认真研究党史，学习党史，定期给党员同志讲党课，以史为鉴，继往开来。学习历史、领悟历史，把党的历史学习好、总结好，才能不忘初心、不改初衷，运用历史思维、增强历史担当。党史如明灯，照亮前行之路；党史如清泉，洗涤心灵之尘；党史如号角，激发奋进之力。

思想就是力量。学校始终坚持把立德树人作为教育的使命和追求，把价值塑造、能力培养和知识传授"三位一体"的教育理念贯穿到教育的全过程，将思想政治教育，融入终身教育体系中、融入学习研究中。学校党委进行《奋斗百年路，起航新征程——庆祝建党 100 周年》特别策划，编著《跨越时空的对话》；创建"'永远跟党走，心随你动'师生百米画卷"；拍摄"北京实验学校'唱支歌儿给党听'百万师生网络歌咏比赛合唱 MV"；开展主题为"信仰的力量"的系列升旗活动。小学部开展"'唱支心歌给党听——歌声中的党史'合唱展演及"我们是共产主义接班人——艺术节展演"。中学部开展"'永远跟党走，奋进新时代'合唱展演"。邀请 50 年以上党龄的老党员退休教师讲党史，邀请党校教师、老红军战士、香山革命纪念馆专家讲党史故事、革命故事、英雄故事，深挖学校红色资源"鲜活教材"，弘扬红色精神，为党史学习教育工作添砖加瓦。学校党组织组织党员集中学习，着重回顾百年来路，深刻铭记中国共产党百年奋斗的光辉历程，深刻认识中国共产党为国家和民族做出的伟大贡献，学习传承中国共产党在长期奋斗中铸就的伟大精神，深刻领会中国共产党成功推进革命、建设、改革的宝贵经验，深挖党史中与学校教育相关的红色记忆，弘扬伟大革命精神，激励"北实人"不辱使命、创新前进、谱写魅力教育新诗篇！

新百年，开好局，起好步。不忘初心，牢记使命，增强"四个意识"、坚定"四个自信"、做到"两个维护"，自觉承担起举旗帜、聚民心、育新人、兴文化、展形象的使命任务，坚持正确政治方向，同心同德，顽强奋斗，坚持以办人民满意教育为工作导向，结合新的实践和时代要求推动中华优秀传统文化创造性转化和创新型发展。党员教师们走进班级，为学生们上党史课，他们通过通俗易懂的语言，配以生动优美的画面，让学生们在潜移默化中了解党、认识党、热爱党，从而培养孩子们爱党、爱国、爱家、爱校的情感。党员教师们切实将学习成果转化为武装头脑、指导实践、推进教育教学工作的行动自觉，把孩子们培养成永远听党话、跟党走，努力争做中国特色社会主义事业的合格建设者和可靠接班人。

**二、创新干部教师培训，培育教育改革先锋**

加强干部培养是学校党委的重要使命。进入2021年学校党委特别重视干部的教育与培养，两周一次的干部培训在创新中开展。以创新发展健全人才工作机制，以协调发展优化人才队伍结构，以共享发展激发人才创业活力，建设一支高质量的干部教师队伍。通过系列化的创新干部培训，让各位干部在实践体验中思考，在思考升华中创新实践。从校长到副校长，从副校级到中层，从中层到主管，纷纷走上主席台，成为学校培训干部、培训教师的主力专家，干部在攀登中成长，在挑战中超越。如今"北实"的每位干部都能重视阅读学习，丰厚自己的精神内涵；都能加强思考研究，提升专业思考力、创新力、领导力；都能干、能写、能说，既能仰望星空，又能脚踏实地；都有新时代的责任感、使命感，能担责尽责、扛责有为；能认真听取全体教师意见，接受全体教师的监督，开展自我批评与相互批评，在自我反思与改进中前进。学校党委也加强了对干部工作的考核与评估，实现干部能上能下制度，让能担当者上，不能胜任者下。造就一支新时代的优秀干部队伍是学校发展的前提，推进每位干部自觉走在前行的道路上是新时代学校的重要使命。经历十年的魅力教育改革，我校已建成一支"专家型、实干型、创新型、智慧型、高尚型"干部队伍，并成长为魅力教育改革的先锋。

凸显教师的专业发展与全面培养。进入2021年以来，学校两周一次的学术委员会在自我超越中前行。聚焦教育关系的研究，课堂文化的建立，不同学段的主题研修，同课异构课例展示、专家点评等。加强课程改革的研究、新课程标准的研究、核心素养的研究，让核心素养花开有声。通过学术委员会的系列论坛，给青年教师搭建了各种擂台赛，推进教师专业发展进入新时代。推进学校、学部、年级组、教研组的联动培养机制，制定教师专业发展规划，分层培养、精准培训、丰富活动、主动成长！从"双基"到三维目标，再到核心素养，教师的角色已由教书到育人发生了根本性的转变。通过专题培训、研讨交流、思维碰撞、工作反思、总结升华等，在工作中研究，在研究中创新，在创新中发展，促进了教与学方式的转变，推动了教师的快速成长，涌现出一大批在课程课堂改革中的先锋教师。

### 三、实现人人担当导师，引领学生自律成长

为党育人，为国育才，需要有一种新时代的担当。创新是一个民族发展的不竭动力，创新教育是新时代的召唤。我校彰显"勇于担当、善于超越"的"北实精神"，磨砺自强卓越的精神底色，积淀行健致远的精神自觉，凝聚起魅力教育创新引领的强大力量。自强创新始终是"北实"教育发展的强大动力，是塑造魅力教育未来的不竭源泉。创新教育是以提高人才素质作为重要内容和目的的教育。重视素质教育就应将素质教育的思想渗透到专业教育之中，贯穿于人才培养的全过程。

推进干群全员导师制。导师象征有相当的知识和智慧，他们是知识和道德的传播者，是诊疗人世伤痛的行医人。人生导师就是在人生道路上能够给他人帮助、教导和引领的人。培育祖国未来需要的人才，需要导师的示范与引领；每个个体生命的成长也需要导师的观察、陪伴、激励、矫正、指导。我校每位干部与教师都要担当学生的导师工作，笔者每年担任高三8～12位学生的导师工作，开展"五个一"工程：每天与孩子见一次面；每周简短交流一次；每两周发送一条激励短信；每个月开一次集体会议；每个月进行一次深度对话与交流。校长的示范，干部的带领，教师的跟进，工作的激励，全员导师工作落地生根、开花结果。导师的人生引导让孩子们树立正确的人生价值观，他们有了自身的信仰与追求，积极进取、阳光自信、文明豁达、热爱生活、自律成长，相信孩子们未来一定会成为社会所需要的优秀人才。

### 四、研发主题班会课程，激发激活成长动能

学校以"魅力教育"为特色，全面落实教育部有关课程改革的文件精神，以课程研究与课题研究为载体，基于提升学生的核心素养，整体构建十五年一贯魅力课程体系，建立幼儿园、小学、初中、高中、大学主题教育衔接课程，探索"直通车"育人模式，使主题教育课程更加满足学生发展的要求，更加符合学生身心发展的特点，充分发挥课程的整体育人功能，为每一位学生的成才奠基，把学生培养成为具有"北实精神、中国灵魂、国际视野"的现代人，为我国基础教育综合改革提供普适模式，培养具有全球化竞

争力的人才。

完善主题班会课程。主题班会是班主任根据青少年的特点，对学生进行思想教育的一个重要途径。学校主题班会充分发挥集体的智慧和力量，让个人在集体活动中受教育、受熏陶，从而提高综合素质，对学生思想的转化和良好班风的形成有不可低估的作用。学校主题班会把握三个原则：教育性、针对性、计划性。要助力班级文化建设，组织"为什么而学习""要珍惜学习的好时光""改进学习方法和时间赛跑""以优异成绩向祖国汇报"等主题班会；要对学生进行人生观教育，组织"人生路怎样走""生命的意义""让世界因我的存在而美好"等主题班会。学校主题班会的教育目的分为如下几类：思想观点、政治立场、情感品质方面的教育，如对学生进行人生理想教育、国情教育、爱国主义教育等；对学生进行端正好学习态度、目的的教育；对学生进行热爱科学、反对迷信的教育，为振兴中华而学习的教育；对学生进行爱集体、爱劳动、比贡献的教育；还有"学百年党史，做魅力学生"等教育。要把班会的思想性、知识性、教育性、趣味性统一起来，融为一体。依靠学生、指导学生，让学生既当主人、又当参谋。主题班会作为素质教育的重要阵地，逐渐走向目标多元化、内容丰富化、形式多样化，不拘一格、丰富多彩。

新时期带来新挑战。主题班会要推进全方位素质教育，在很长一段时间里，主题大多为革命传统教育、爱国教育、纪律教育和集体教育等。随着《中小学德育工作规程》《小学德育纲要》《中学德育大纲》《班队活动指导纲要》等德育政策文件的相继发布，新时代的主题班会，从强调政治教育和德育转变为倡导素质教育和实现学生的综合全面发展。这更需学校积极承担社会责任，对青少年进行全方位素质教育，进而形成勇于探索、勇于创新的科学精神。学校教师要努力适应新趋势，争做新时代先进教育工作者。

学校高度关注各学段毕业班的身心健康、思想动态，激活内动力、科学育人、全面育人。各位校级干部亲自走进海淀本部以及平谷分校的高三、初三、小学六年级的各个班级，召开主题班会，看望慰问毕业班教师、学生，纾解压力、加油鼓劲，助力师生更好成长！各位学部校长、年级主管领导、年级组长特别重视主题班会的研发与创新，让每周的主题班会成为孩子们精神动力的加油站,助力孩子健康成长、愉悦前行、自信前进!

**五、创新开展督学工作,促进师生共同进步**

成立学校督学工作专家组。成立由特级教师、教研组长、学科带头人等组成的74人的督学团队,这一团队纵跨幼小初高四个学段,横跨所有学科,由一位校级领导主责学校督学工作。教学督导不仅具有巡视、检查、监督、评价的职能,而且具有反馈、指导、咨询、服务的职能。它不只在于监督、检查,了解教学现状,更着眼于通过对教学的切磋、指导、服务的改进。督导的重点是导,以督促导,以导为主,着眼于激励和调动教与学两方面积极性,发挥教师的潜能,激励和引导教师自我成长,促进教学质量不断提高。

聚焦核心素养,关注学科育人。为了实现全校有计划、有步骤、高效、联动地开展督学工作,组建学科督学教学资源库,及时获取督学计划、督学反馈、教学设计和教学反思等资源,为进一步扎实推进魅力课堂奠定坚实基础。学科督学对全校教师进行全方位督导,认真记录,客观统计,对每位教师的听课情况进行清晰了解,科学指导,促进教师的进步。一个学期下来全校教师听课近4000节次。所有督学课的研讨聚焦魅力课堂建设,着力于魅力课堂流程设计、学习活动设计、学习问题设计、学习活动评价、教学语言设计等五个方面,通过听、评、看,进行教育会诊,研究学生、研究方法。立足课堂教学,汇聚反思18个核心问题,深入开展课题研究,提升教师的研究力。每一节课的背后都是一次督学的指导研究与听课教师思维碰撞的过程,都是一次诊断问题、解决问题,提升教学能力的过程。

开展学校督学工作3年来,学校能更好认识教师的整体教学情况,优势与问题在哪里,为课堂教学工作的改革提供重要的参谋作用。督学工作的开展能帮助学校更好地认识每一位教师的个体教学情况,同时又个性化地促进教师的专业发展,起到教学的指导作用,促进教师的个性成长。督学工作让学校与教师之间搭建起桥梁作用,让每一位教师感受到学校的人文关怀,感受到团队的力量,更好认识自我,促进教师主动成长。督学工作的开展搭建了展示平台,创建了研究氛围,强化了进取意识,对教师的工作态度与研究精神起到督促作用。开展督学工作3年来,学校编辑5本魅力课堂专集,教师已在区、市、国家级以上报纸杂志发表相关论文200余篇。督学工作激发了教师的精气神，促进了教师的主动成长、团队成长、健康成长。

**六、树立魅力教育理念，家校携手合力育人**

家校携手同行创建共育合力。新时代成长起来的孩子们有其自身特点，只有读懂孩子内心世界才能提供适合孩子的教育；只有读懂时代，才能提供符合时代要求的优质教育。教师是教育的专业者，而家长的职业多种多样，大多家长对教育的理解还比较浅显，教育的理念还比较落后，对于特别影响孩子成长的教师与家长如何实现同频共振，协力同行，教师起着主导作用。北京实验学校干部、教师认真开展新时代的线下家访、线上家访活动，定期有针对性、高质量地开展学部、年级、班级线上家长会、线下家长会，创新开展家长代表委员会工作，充分发挥各层级家长代表委员会的作用，让魅力教育的理念落实在教师、家长的行为中，让家长做学校发展、孩子成长的主人，促进孩子健康成长。

创新开展"魅力讲坛·家校共育"系列线上讲座。多年的调研发现，家长的教育观念还比较落后，亲子关系还不太和谐，家庭的文化氛围还难以促进孩子的健康成长，而且家长观念的改变是十分艰难的。2020年10月，学校决定开展"魅力讲坛·家校共育"系列线上讲座，讲座分15期，围绕亲子关系、心理健康教育、生命教育等主题，由15位校级领导，向幼小初高各学段的孩子们、家长们进行宣讲，系统开展教育全方位培训。截至目前，"魅力讲坛·家校共育"系列线上讲座已开展9期，主题分别为"魅力教育为孩子终身发展与幸福人生奠基""思维能力魅力培养""智教慧育谋成长""不要被垃圾快乐毁了孩子的梦想""古往今来话家风""增进亲子沟通，密切亲子关系""从高考终点透视孩子综合素养的培养""培养规则意识，呵护生命安全""教育孩子，你转变了吗"等。每一期讲座内容都是家长们关注的焦点或存在的困惑，通过主题报告，帮助家长们答疑解惑，逐步改变了家长的育人理念，提升了家庭教育的水平与效果。

**七、精心研制战略规划，促进学校科学迈进**

有理想目标才能创造美好未来。一所学校的昨天需要总结，今天需要奋斗，明天需要展望。作为拥有百年历史的文化名校，作为十五年一体化的改革实验学校，我们对过去的办学成果进行了系统的梳理与总结，创办了网上校史馆，充分挖掘百年名校的教育理念、历史故事、办学成果，自豪于百年办学的辉煌成就，自豪于创办人熊希龄先生的教育思想与教育情怀！面对未来，我们有无限的憧憬，我们向着"'国际水准、中国一流、北京领先、海淀窗口'的中国基础教育卓越魅力品牌"豪迈前进！

精心研制第三个五年战略规划。今年7月，是"北实"魅力教育十年改革发展的收官之际，是第二个五年战略发展规划圆满实现之时，即将开启第三个五年战略规划新时代。学校的发展正处于重要战略机遇期，但机遇和挑战都有新的发展变化。教育是党之大计、国之大计，党和政府更加重视教育的发展。教育改革的号角已经吹响，党中央、国务院颁发了教育的系列改革文件。高中校进入特色发展阶段，给各所学校的发展带来机遇。义务教育全面实现就近电脑派位入学，生源大体均衡。中高考改革有利于促进学校可持续发展，十五年一体化学校办学优势更为凸显。社会的教育观念正在逐步走向理性，越来越尊重教育规律，而且"北实"的社会反响也越来越好。学校近十年的发展为进一步提升突破打下了坚实基础。但仍有部分家长过于看重学习成绩，部分孩子还存在一定的心理健康问题，立德树人还需要与时俱进、创新推进；干部教师专业化水平还有待提高；德智体美劳五育并举还需要科学协调推进；课程建设、课堂探索还需要高位研究，人民对教育的期待越来越高等等。我校在"二五"时期十大五战略的基础上，科学精准研制"三五"（2021年8月—2026年7月）十大战略规划：即干部领导力提升战略、立德树人实施战略、教师专业发展战略、魅力课程研发战略、魅力课堂构筑战略、家校合作育人战略、智慧校园建设战略、五育并举推进战略、教学质量提升战略、魅力教育辐射战略，分别由校级领导或特级教师牵头研制、推进。我们要增强机遇意识和风险意识，立足"北实"发展校情，保持战略定力，办好自己的事，认识和把握教育发展规律，发扬拼搏精神，树立科学思维，准确识变、科学应变、主动求变，善于在危机中育先机、于变局中开新局，抓住机遇，应对挑战，趋利避害，奋勇前进。

### 八、勇于担当善于超越，推进教育一体发展

编写国家教材。为了维护西部地区的稳定和平和发展，努力为国家大局稳定做出贡献，学校组织教师团队，在研究中工作，在工作中创新，凝练智慧，研发教材。学校38位教师参与了《新疆、西藏内地高中预科班国家教材》编写，现已经有25本国家教材由人民教育出版社出版，并获得中国教育学会教育科研成果一等奖。本套国家教材的编写，既是一种担当，也是一次挑战，还是一个机遇，既填补了新疆、西藏内地高中预科班没有教材的问题，也为民族稳定工作提供了强有力的教育保障，还充分展示出学校教师敬业和充满探索的精神。

编写魅力教育系列专著。魅力教育改革十年，成果丰硕，已经出版《曾军良与魅力教育》《魅力教育 义无反顾》等系列专著，系统、全面地介绍魅力教育新成果，不断将魅力教育所发现的普适规律陆续迁移到全国各地，努力为祖国基础教育的改革发展做出我们的最大贡献。

承担社会使命。2015年6月，北京实验学校开启集团教育发展之路，积极响应市区两级政府的指示精神，赴远郊平谷办教育，接收了平谷第六中学、第二中学、第四小学和第七幼儿园，组建了"北实"平谷教育集团。四所学校一个法人校长，成立了16人的集团委员会，定期调研会诊，至少每月一会，加强顶层设计，把握方向，加强问题沟通，统筹集团各校发展。每周一天去平谷分校上班，推进魅力教育在平谷四所分校的全面落地。在魅力教育新理念的引领下，全体"北实人"秉承"勇于担当，善于超越"的学校精神，在继承中发展，在发展中创新，四个学段融合融通，城郊两区通力合作，虽筚路蓝缕，却在不断改革中收获佳绩，集团化办学取得重要成果。承办"京藏优质教育资源远程互动共享项目"，与拉萨师生互动交流。前往湖北省丹江口市开展教育教学活动，为首都－水都教育协作拉开新篇章。"北实"干部教师发扬社会奉献精神，以强烈的社会责任感，将魅力教育毫无保留地向祖国各地迁移，这是"北实人"的天下情怀，也是新时代的使命担当。

"胸怀香慈伟业，恰是百年芳华""等闲识得东风面，万紫千红总是春"，北京实验学校干部、教师继承与发扬革命到底的香山精神，不忘初心、牢记使

命,锐意进取,用丰硕的成果鼓舞斗志、提振干劲、凝聚力量,全面开展十五年基础教育综合改革实验,全面探寻中国现代化基础教育普适规律,为中国当代基础教育发展提供鲜活样板,为推动中国基础教育发展做出重要贡献,让魅力教育之火点燃基础教育改革之灯,引领中国基础教育发展,不断推进学校实现跨越式、高质量发展,谱写新时代新百年魅力教育新华章,共创魅力教育卓越新品牌!

# 抗日战争爆发纪念日

伟大的抗战精神世代永存

革命导师列宁说过:"忘记历史就意味着背叛"。7月7日,是中国人民抗日战争爆发纪念日,是全中国人民永远不会忘记的日子。中国人民在抗日战争的壮阔进程中,孕育出伟大抗战精神,向世界展示了天下兴亡、匹夫有责的爱国情怀,视死如归、宁死不屈的民族气节,不畏强暴、血战到底的英雄气概,百折不挠、坚忍不拔的必胜信念。伟大抗战精神,是一种伟大的民族精神,是中华民族源远流长的爱国主义在抗日战争中的锤炼和升华。这种精神,来自中华儿女内心深处对伟大祖国的无比热爱。伟大抗战精神,是中国人民弥足珍贵的精神财富,将永远激励中国人民克服一切艰难险阻,为实现中华民族伟大复兴而奋斗。今天,中国人民纪念全面抗战爆发、抗战胜利,就是要"铭记历史、缅怀先烈、珍爱和平、开创未来"。

"铭记历史,正视现实"。1937年7月7日,驻北京丰台日军在卢沟桥以北进行挑衅性军事演习,以一名士兵失踪为借口,要求进入宛平城搜查。这一无理要求遭到拒绝,日军当即炮轰宛平县城和卢沟桥。中国驻军第29军官兵奋起反抗,击退日军数次进攻。史称"七七事变"或"卢沟桥事变",它是中国现代史上极为重大的历史事件。卢沟晓月夜的枪炮声,彻底惊醒了中华民族百年的沉睡,标志着全民族抗战的开始。值此生死存亡之际,在中国共产党倡导下,以国共合作为基础的抗日民族统一战线形成,中国人民最终取得了这场战争的胜利,但抗日战争给中国人民带来巨大的生命、财产损失。战争虽然远去,但依然具有极其重要的意义与启示。

"只有正确认识历史,才能更好开创未来"。伟大的中国人民抗日战争,是中华民族历史发展进程中饱经沧桑的一章。中国人民以铮铮铁骨战强敌、以血肉之躯筑长城、以前仆后继赴国难,谱写了惊天地、泣鬼神的雄壮史诗。抗日战争的伟大胜利,彻底粉碎了日本军国主义殖民奴役中国的图谋,有力捍卫了国家主权和领土完整;开辟了世界反法西斯战争的东方主战场,为挽救民族危亡、实现民族独立和人民解放,做出了彪炳史册的贡献。

抗日战争的胜利是以爱国主义为核心的民族精神的伟大胜利。爱国主义是中华民族精神的核心,是中华民族同心同德、自强不息的精神纽带。爱国主义是激励中国人民维护民族独立和民族尊严,在历史洪流中奋勇向前的强大精神动力;是驱动中华民族这艘航船乘风破浪,奋勇前行的强劲引擎;是引领中国人民迸发排山倒海的历史伟力,战胜前进道路上一切艰难险阻的壮丽旗帜。

抗日战争的胜利是中国共产党发挥中流砥柱作用的伟大胜利。中国共产党自成立之日起,就把实现中华民族伟大复兴作为自己的历史使命,捍卫民族独立最坚定,维护民族利益最坚决,反抗外来侵略最勇敢。

鉴往事,知来者。

抗日战争的胜利启示我们,实现中华民族的伟大复兴,必须坚持以人民为中心。人民是历史的创造者,中国共产党来自人民、植根人民,初心和使命是为中国人民谋幸福、为中华民族谋复兴,根本宗旨是全心全意为人民服务。我们要坚持一切为了人民、一切依靠人民,保持同人民的血肉联系,紧紧依靠人民开拓事业新局面,促进全体人民共同富裕。

抗日战争的胜利启示我们,要铭记苦难、继往开来。和平与发展是当今世界的主流,但不稳定的因素依然存在。尽管中国发展起来了,但任重而道远,人们不能骄傲自满。铭记苦难,不是为了报复,而是为了卧薪尝胆,不忘苦难的滋味。要铭记苦难,朝着中国梦的实现继续发力。

抗日战争的胜利启示我们,要勿忘历史,珍惜和平。共同维护战后秩序在现阶段显得尤为重要。中国人民比历史上任何时期都更接近民族复兴的伟大梦想,越是在这样的时候,越要铭记历史,越不能忘记所走过的艰辛曲折的道路,越不能忘记无数英烈先辈所做出的贡献和付出的牺牲。在铭记历史中砥砺民族复兴的坚强信念，弘扬以爱国主义为核心的伟大民族精神，14亿人民就必定能完成几代中国人的夙愿，实现中华民族伟大复兴的梦想。

个人的命运与国家兴衰息息相关，只有国家富强，人民才能安居乐业。站在"十四五"开局之年的历史新起点，改革发展的道路上，我们仍然面临严峻的挑战和艰巨的任务。从思想观念到发展方式的转变，从利益格局的调整到制度建设的创新，处在发展关键阶段的中国，更需要从抗战精神中汲取力量，增强民族自信心和自豪感，以一往无前的勇气和担当，将改革大业不断推向前进。

殷忧启圣，多难兴邦。历史无法重来，未来可以开创。在中国人民抗日战争纪念日到来之际，让我们铭记历史、缅怀先烈、珍视和平、警示未来，肩负起历史重任，倍加珍惜和维护来之不易的发展成就与和平环境，大力弘扬伟大的抗战精神，在以习近平同志为核心的党中央的坚强领导下，坚定信念，团结奋斗，共同谱写实现中华民族伟大复兴新的光辉篇章。以中华民族伟大复兴不断前行的新成就，告慰为中国人民抗日战争和世界反法西斯战争胜利献出生命的所有先烈，告慰近代以来为中华民族独立、中国人民解放献出生命的所有英灵，这是我们对中国人民抗日战争和世界反法西斯战争胜利最好的纪念！

# 建军节

## "八一"精神永放时代光芒

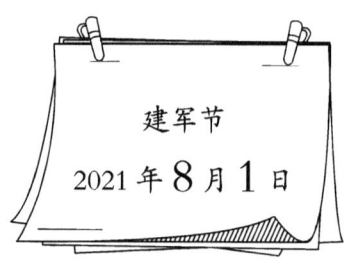

今天,是中国人民解放军建军94周年纪念日,我们共叙军民鱼水深情,共享节日快乐,共追强国之梦。从守边固防到演训一线,从疫情防控到抗洪救灾,从练兵备战到脱贫攻坚,从国际维和到远洋护航……,哪里有战斗,哪里就是人民军队奋战的疆场;哪里有需要,哪里就有新时代子弟兵冲锋的身影。

1927年8月1日,中国共产党带领北伐部队,在江西南昌举行了武装起义,打响了中国共产党武装反抗国民党反动派的第一枪。这是中国共产党独立领导武装斗争的开始。8月1日,成为中国人民解放军诞生的光辉节日。94年来,在中国共产党的坚强领导下,英雄的人民军队英勇顽强、浴血奋战,不怕牺牲、勇往直前,为中国人民站起来、富起来、强起来建立了不朽功勋,为维护世界和平安宁和繁荣发展做出了巨大贡献。

回首人民军队的奋斗历程,伟大的中国人民解放军,在中国共产党的领导下,以大无畏的英雄气概,以超乎寻常的革命毅力和灵活机动的战略战术,历经了艰苦卓绝的国内革命战争、抗日战争和解放战争,赢得了中华人民共和国的建立。在长达70余年的社会主义革命和社会主义现代化建设中,人民解放军和全国人民一道,自力更生,艰苦奋斗,发挥了极其重要的作用。同时在革命化、正规化和现代化建设中取得了巨大成就,成为一支世界劲旅。以爱国为核心的民族精神,在这支劲旅。身上体现得最为典型、最为纯粹。值此"八一"建军节到来之际,用我们的真诚,向人民解放军致敬!用我们的行动,向人民解放军学习!

### 一、学习红军时期伟大的"长征精神"

红军指战员在长征途中表现出来的伟大"长征精神",就是把全国人民和中华民族的根本利益看得高于一切,坚定革命理想和信念,坚信正义事业必然胜利的精神;就是为了救国救民,不怕任何艰难险阻,不惜付出一切牺牲的精神;就是坚持独立自主、实事求是,一切从实际出发的精神;就是顾全大局、严守纪律、紧密团结的精神;就是紧紧依靠人民群众,同人民群众生死相依、患难与共、艰苦奋斗的精神。继承和发扬长征精神,对于建设有中国特色的社会主义,实现中华民族伟大复兴的强国梦,具有重大意义。我们就是要学习红军战士对革命理想和事业无比忠诚的坚定信念,不怕牺牲、敢于胜利的革命乐观主义精神,以及顾全大局、严守纪律、亲密团结的高尚品德。我们要大力弘扬伟大长征精神,在社会主义现代化建设新征程上挑战自我,超越极限,奋勇前进,夺取新的更大成就。

### 二、学习抗日根据地军民的"延安精神"

革命选择了延安,延安孕育了革命,哺育了伟大的"延安精神"。革命圣地延安,既是红军长征胜利的落脚点,也是建立抗日民族统一战线,赢得抗日战争胜利,进而夺取全国胜利的解放战争的出发点。当时的延安交通闭塞,经济落后。面对国民党的封锁,毛泽东同志号召根据地军民自己动手,丰衣足食,开展了大生产运动。部队战时作战,闲时种地。多年下来,铸就了延安军民的铮铮铁骨,以及自力更生、艰苦奋斗的精神。弘扬延安精神就是必须始终保持谦虚谨慎、不骄不躁的作风,必须继续保持艰苦奋斗的工作作风,为强国梦的实现贡献每一个中国人的力量!

### 三、学习人民志愿军的"上甘岭精神"

学习上甘岭精神,就是要发扬为祖国、为人民不断取得胜利的牺牲精神;发扬不屈不挠,团结战斗,战胜困难的拼搏精神;发扬英勇顽强,坚决战斗,血战到底的胜利精神。就是要在脚踏实地的基础上去奋斗、去挑战、去创造。上甘岭精神,是一座永远的丰碑!双方对峙之长久、战争之惨烈、力量之悬殊、装配之悬殊,可以说前所未有。这一役,不仅是双方军力的较量,更是两种世界观、两种价值观和两种思想体系的较量。最终以中国人民志愿军的伟大胜利书写了新的历史，让中华民族找回了民族尊严。上甘岭上以军人为代表的那一代中国人，用他们的血肉之躯和不折不挠的坚强意志，重新塑造了伟大中华民族在国际上的地位。"上甘岭精神"将永载史册，永放光芒！永远激励着中国人民不懈奋斗，勇创新辉煌！

### 四、学习南京路上"好八连"精神

"好八连"精神，可概括为身居闹市，一尘不染，拒腐蚀，永不沾，助人为乐，勤俭节约，始终保持艰苦奋斗的优良传统。一个连队连着一座城市，一座城市传承一种精神。半个多世纪以来，"好八连"始终坚守"政治好、称第一"的根本要求，始终牢记"军事好、如霹雳"的使命责任，始终保持"拒腐蚀、永不沾"的优良作风，始终秉持"为人民、几十年"的高尚情怀，坚持人民军队艰苦奋斗的政治本色，抵制资产阶级思想及其生活方式的侵蚀，团结人民群众，出色地完成警卫任务，推动了连队建设全面发展、全面过硬，成为全军基层连队建设的典范。"好八连"精神教育鼓舞了亿万群众，影响了一个时代的社会风尚，成为推动国家和军队现代化建设的强大精神力量。历史证明，"好八连"不愧是一个经得起实践检验和历史考验的先进典型，不愧是弘扬我党我军艰苦奋斗优良传统、保持人民军队政治本色的一面光辉旗帜。

### 五、学习全心全意为人民服务的"雷锋精神"

雷锋精神是中华民族传统美德的一种积淀，是一种随着时代进步而不断发展的与时俱进的精神。雷锋那种"全心全意为人民服务，把有限的生命投入到无限的为人民服务中去"的精神，那种干一行爱一行，立足岗位艰苦奋斗的敬业精神，那种对同志、对群众像春天般温暖，舍己为人、助人为乐的精神，都是在构建和谐社会中必须大力发扬和倡导的时代精神。革命战争年代我们的军队秋毫无犯，和平年代也是心系百姓。抗震救灾、抗洪抢险，群众危及关头，都是人民军队挺身而出，所以才赢得了人民的无比信任与热爱，军人是新时代最可爱的人。

伟大的精神，永远的丰碑！历史潮流，浩浩荡荡！民族崛起需要中国军人挺直的脊梁，强军事业需要中国精神凝聚起强大力量。人民军队与中国精神，永远是一部动人心魄、威武雄壮的英雄交响曲。中国特色社会主义进入新时代，我们要以习近平新时代中国特色社会主义思想为指导，加强党史、军史学习，深入贯彻新时代军事战略方针，坚持政治建军、改革强军、科技兴军、依法治军，奋力开创新时代强军事业新局面，坚定推进完成建军100周年奋斗目标；我们要时刻听从党和人民召唤，发扬人民军队一不怕苦、二不怕死的战斗精神，以实际行动谱写魅力教育事业新篇章，让"八一"军旗高高飘扬，让"八一精神"永放时代光芒！

# 全民健身日
## 让健康谱写人生乐章

今天,是我国第 13 个"全民健身日",历时 17 天的东京奥运会也即将落下帷幕,中国体育代表团奋力拼搏,取得了辉煌战果,展现出中国人的精气神,更在场外掀起了新一轮全民健身的热潮。正如 2021 年"全民健身日"的主题——"全民健身与奥运同行"。随着 2022 年北京冬季奥运会的临近,中国从南到北兴起的冰雪运动热潮,让"三亿人参与冰雪运动"从愿景走向现实。全民健身旨在全面提高国民体质和健康水平,倡导全民做到每天参加一次以上的体育健身活动,学会两种以上健身方法,每年进行一次体质测定。为纪念北京奥运会的成功举办,国家从 2009 年起,将每年 8 月 8 日设置为"全民健身日"。"全民健身日"的设立,充分体现了党和国家对全民健身事业的高度重视和关怀,有利于发挥体育的综合功能和社会效应,更好地促进人的全面、健康发展。设立并开展"全民健身日"活动,就是要全面弘扬奥运精神,不断提高人民群众的生命质量和健康水平。全民健身日也体现了人民群众体育意识的转变,反应出对体育文化认识的转变,为树立终身体育意识提供了思想与行动的保障。

13 年来,全民健身活动蓬勃开展,全民健身设施不断改善,人民群众身体素质也在不断增强。"全民健身日"对于健身理念的倡导、健身行动的引领,起到了不可替代的重要作用。伴随着全民健身活动的蓬勃开展,人们的生活观念发生了巨大变化。在一些大中城市,为健康而消费已成为新时代提高生活质量的一种时尚。部分新兴体育项目,如攀岩、马术、蹦极、保龄球、滑板、女子拳击、沙弧球、跆拳道、高尔夫球等运动，尤其受到年轻人的青睐。"全民健身日"已成为广大人民群众参与、共享、乐享健身的节日。将健身带到生活中去，既锻炼了身心，又增长了见识，也培养良好的精神。一是能改善体形。健身最基本的作用就是改变体形，达到形体漂亮的效果。二是有益健康。健身对改善人体的肌肉、骨骼、血液循环系统、呼吸系统、内分泌等功能，比一般的运动有更好的效果。三是延缓衰老，通过健身能使人的激素分泌处于一个较高的水平，从而达到延缓衰老的效果。四是精力充沛。有了强壮的身体，使整个人变得精力充沛，精神状态更好。五是充满自信。当你经历健身锻炼之后，你会感到自己有一种无形的力量，会有一种自信，使你情绪激昂，做事的热情会更足。总之，参加体育运动能使你的精神为之一振。一个人身体越健康，其抵抗疾病和抗压的能力也就越强。让我们行动起来吧，积极参加步行、慢跑、骑自行车、打太极拳、游泳、打乒乓球、跳健身舞、爬山等有氧运动。这些运动能有效地消耗掉体内多余的脂肪，更重要的是，可预防多种疾病的发生。而我们身边有些人年纪不大就因病魔缠身而失去了生活质量，更有甚者英年早逝。事业是人生征途上的宝石，如果有健康为这颗宝石做基座，那就能更从容地进行社交活动，更有精力地做好自己热爱的事业，以更健康的心态来工作和生活。这就意味着你的生活可以变得更加充实、丰富和美好，那你的人生必将璀璨夺目，光彩照人。

  从20世纪50年代毛泽东同志提出了"发展体育运动，增强人民体质"。60多年来，全民健身不断增强新的活力，健身方式更加多元，健身场地更加丰富，全民健身引领人们走向健康幸福。热爱健康，珍惜生命，不仅是每个人的追求，而且是一个民族振兴与发展的需要。让我们紧紧围绕"我健身，我快乐""好体魄，好生活""全民健身，与我同行""每天锻炼一小时，健康工作五十年，幸福生活一辈子"的主题，开展丰富多彩的"全民健身周""全民健身节"等一系列活动，突出全民健身活动的科学性、健身性、趣味性，让人民群众安全、科学参与各种全民健身活动，尽情享受体育健身带来的健康与快乐，让健康谱写人生的乐章，唱好"新时代全民健身动起来"的大戏，为实现中华民族伟大复兴的中国梦而努力奋斗！

# 七夕节
## 千年忠贞话"七夕"

记忆中有这么一个纯洁美好的节日,叫"七夕节";记忆中杜牧有这样一首美妙的诗:"银烛秋光冷画屏,轻罗小扇扑流萤。天阶夜色凉如水,坐看牵牛织女星";记忆中李清照有这样几句凄婉的词:"星桥鹊驾,经年才见,想离情,别恨难穷。牵牛织女,莫是离中";记忆中还有我国民间流传时间最早、流传地域最广的传说——"牛郎织女",这是我国民间四大传说之一,在中国民间文学史上具有十分重要的地位。七夕的美好,就在于那一个世间最动人的传说;七夕的感人,就在于那一份不顾一切冲破阻碍的千年忠贞的爱情。

今天是中国传统节日"七夕节"。七夕节在我国已有2200多年历史,又称"乞巧节""女儿节",也叫"双七""香日""巧夕""兰夜""穿针节"等等,是中国历代妇女喜爱的日子,也是姑娘们特看重的日子,还是中国传统节日中最具浪漫色彩的节日,更是中国传统节日中最唯美的一个节日。

七夕节的习俗,起源于我国汉代,后来才和牛郎、织女的故事相融合。东晋道学家葛洪在《西京杂记》中,就有"汉彩女常以七月七日穿七孔针于开襟楼,人俱习之"的记载,这是我国最早的关于七夕乞巧的记载。南朝梁宗懔《荆楚岁时记》说:"七月七日,是夕人家妇女结彩楼穿七孔外,或以金银愉石为针。"南北朝末期顾野王所编《舆地志》说:"齐武帝起层城观,七月七日,宫人多登之穿针。世谓之穿针楼。"五代王仁裕所撰《开元天宝遗事》,分别记述了唐朝开元、天宝年间的许多逸闻遗事,其中就记到"七夕,宫中以锦结成楼殿,高百尺,上可以胜数十人,陈以瓜果酒炙,设坐具,以祀牛女二星,妃嫔各以九孔针五色线向月穿之，过者为得巧之侯。动清商之曲，宴乐达旦。土民之家皆效之。"这段史料说的是，大唐开元以及天宝年间，唐太宗与嫔妃们每逢七夕节在华清宫夜宴，宫女们各自乞巧。宋元之际，七夕乞巧相当隆重，京城中还设有专卖乞巧物品的市场，世人称为乞巧市。宋朝罗烨、金盈之辑《醉翁谈录》说："七夕，潘楼前买卖乞巧物。自七月一日，车马嗔咽，至七夕前三日，车马不通行，相次壅遏，不复得出，至夜方散。"在这里，从乞巧市购买乞巧物的盛况，就可以推知当时七夕乞巧节的热闹景象。元陶宗仪《元氏掖庭录》说："九引台，七夕乞巧之所。至夕，宫女登台以五彩丝穿九尾针，先完者为得巧，迟完者谓之输巧，各出资以赠得巧者焉"，这一习俗后来在中国民间也经久不衰，世代延续。

七夕坐看牵牛织女星，是千百年来民间的习俗。相传，在每年的这个夜晚，是天上织女与牛郎在鹊桥相会之时。在那晴朗的夏秋之夜，天上繁星闪耀，一道白茫茫的银河横贯南北，在天河的东西两岸，各有一颗闪亮的星星，隔河相望，遥遥相对，那就是牵牛星和织女星。人们在七夕的夜晚，抬头可以看到牛郎织女的银河相会。

传说牛郎父母早逝，又经常受到哥嫂的虐待，只有一头老牛相伴。有一天，老牛给他出了计谋，教他怎样娶织女为妻。到了七夕那天，仙女们果然到银河沐浴，并在水中嬉戏。这时藏在芦苇中的牛郎突然跑出来拿走了她们的衣裳。惊慌失措的仙女们急忙上岸飞走了，唯独只剩下织女。在牛郎的恳求下，织女答应做他的妻子。婚后，牛郎织女男耕女织，相亲相爱，生活过得十分幸福美满。织女还给牛郎生了一儿一女。后来，老牛要死去的时候，叮嘱牛郎把它的皮留下来，到急难时披上以求帮助。老牛死后，夫妻俩忍痛剥下牛皮，把牛埋在山坡上。织女和牛郎成亲的事，后来被天庭知道，玉皇大帝和王母娘娘勃然大怒，命令天神下界抓走了织女。牛郎回家不见织女，急忙披上牛皮，担了两个小孩追去。眼看就要追上，王母娘娘心中一急，拔下头上的金簪向银河一划，昔日清浅的银河一霎间变得浊浪滔天，牛郎再也过不去了。

从此，牛郎织女每天也只好泪眼盈盈，隔河相望。天长地久，玉皇大帝和王母娘娘对此也无奈，只好同意每年七月初七让他们相会一次。相传，他们如此忠贞的爱情也感动了喜鹊，每逢七月初七,千万只喜鹊飞上天来，在银河为牛郎织女搭鹊桥。正如北宋婉约派词人秦观《鹊桥仙》写道："纤云弄巧，飞星传恨，银汉迢迢暗度。金风玉露一相逢，便胜却人间无数。柔情似水，佳期如梦，忍顾鹊桥归路！两情若是长久时，又岂在朝朝暮暮。"大意是：缕缕云彩随风变幻出各种巧妙的形态，流星在不断地传递着牛郎和织女平日不得相会的遗憾。而在秋风白露时节，他们在夜空中静静地渡过了辽阔的天河相会，在这难得的一次相会中，他们之间的柔情蜜意胜过人间无数次相会。他们的爱情，好似长长流水，绵绵不断，一年一次的相见又如同明日里的幽梦。他们怎么忍心回望鹊桥归路，再度分离呢？但转念又想，只要两人的感情始终不渝、天长地久，又何须朝朝暮暮相守在一起呢？

传说中的牵牛星和织女星，隔着银河已遥遥相守了几千年，爱情也是一个亘古不变的话题。感悟七夕，我们可以体会到古人留给我们有关爱情的千年美丽传说。爱情到底是什么，它就是微风之中遥望牵牛织女星时，叩动你心门的那种幸福、温暖与莫名的暖暖感觉！真正的爱情，是人格的一种高洁，是灵魂的一种净化，是精神的一种升华，是不求回报的付出，是忍痛割爱的放手，是永不消失的思念，是一丝一缕的关怀，是心心相印的情感共振，而不是朝朝暮暮的相守。拥有真正的爱情是人生的一种高尚境界。

现在的七夕节，是一个以牛郎织女的民间传说为载体，以爱情为主题的浪漫节日。现在不少人称之为"中国情人节"。其实，"七夕"不是情人节，而应该是爱情节。将"七夕"称为"情人节"，是对七夕节的误读，叫其"中国爱情节"则更为贴切，我们要让这个折透着中国传统美德的爱情节，唤起人们心中那至纯至忠至美的情感！七夕节，是中华民族民间传统文化和智慧的结晶。寓意中国古代人们对美好事物的向往。在中华民族历史更迭的各个朝代，都有对这个美好节日的讴歌，古今文人墨客们均以诗词来歌颂，历代艺人们都用艺术来抒怀。这种对七夕节文化传承的记录，让博大精深的中华文化与伟大的民族精神，不断得以传承和发展！

爱情是人类社会最温馨甜美的情感，是相濡以沫的一生坚守，是灵魂感染的爱意深情，是牵手前行的永恒力量，是千年忠贞的文化记忆。七夕节不只是一个美丽的传说，更是对美好爱情的歌颂。牛郎织女鹊桥会，情深意切成双对。唯愿此生长相守，幸福恩爱到白头。爱他（她），就用这穿越时空的芬芳守护着爱情的甜蜜吧！

# 中元节

## 中华孝道说"中元"

中元节
2021年8月22日
农历七月十五日

中国岁时节令有所谓"三元",即正月十五上元,七月十五中元和十月十五下元。"中元节",原是上古时代民间的祭祖节,源于东汉后期道教之说,佛教则称为"盂兰盆节"。在一定意义上说,"七月半"祭祖节属民间世俗,而中元节归属道教,盂兰盆节则归属佛教。清代文人王凯泰有诗《中元节有感》:"道场普度妥幽魂,原有盂兰古意存。却怪红笺贴门首,肉山酒海庆中元",生动地描写了中元节的习俗。"中元节"是缅怀先人的中华传统文化节日之一,其文化核心是祭祖尽孝、敬老尊贤、感谢父母养育之恩。这充分体现了中华民族深厚的"孝道文化"。

中元节节日习俗主要有祭祖、放河灯、祀亡魂、焚纸锭、祭祀土地等。它的产生可追溯到上古时代的祖灵崇拜以及相关时祭。七月乃吉祥月、孝亲月,七月半是民间初秋庆贺丰收、酬谢大地的节日,有若干农作物成熟,民间按例要祀祖,用新稻米等祭供,向祖先报告秋成。

中元节是本土文化的产物。清乾隆《普宁县志》言:"俗谓祖考魂归,咸具神衣、酒馔以荐,虽贫无敢缺。"祭品之中,楮衣不可或缺。因七月暑尽,须更衣防寒,与人间"七月流火,九月授衣"。

在20世纪20～40年代,中元节比"七夕""清明"更隆重。人们传承着以家为单位的祭祖习俗。祭祖先、荐时食的古老习俗,是乡村中元节的首要内容。但后被认为是宣扬封建迷信,逐渐边缘化。随着改革开放的脚步,中元节等传统节日逐步回归。

七月十四、十五祭祖是流行于汉字文化诸国以及海外华人地区的传统文化节日，与除夕、清明节、重阳节被称为中华民族四大传统祭祖大节。在中国及新加坡、马来西亚等国，中元节是相当重要的民俗节日，不少人会在农历七月初一到七月十三日之间，择日以牲礼、烧酒、糕点、糖果、水果等，甚至全猪、全羊等举办祭祀活动，并祈求自己全年平安顺利。今天民间的"中元普度"习俗是三教合流的结果。2011年国家公布了第三批国家级非物质文化遗产名录推荐项目名单（新入选项目），香港特别行政区申报的"中元节（潮人盂兰盛会）"入选国家级民俗项目类别的非物质文化遗产名录。

人生是一个多姿多样的生命旅程，春夏秋冬，经历时间轴线的你，会有岁月如梭的人生经历；酸甜苦辣，经历生活轴线的你，会有饱经沧桑的生命阅历。面对发展，面临许多选择，走在时代的前沿，完成一个又一个的任务，这也许就是一种新时代的担当。常怀敬畏之心、感恩之情，其实是在告诉我们该如何更好地规范行为，约束自我，宽容以待，善待他人。当你理解了这些，再来看中元节，或许它会重新点燃你对生活的炽热。当然，任何一个节日都离不开祝福和祈祷，中元节也不例外，无论是对逝去亲人的思念，还是对未来生活的憧憬，我们都可以把它化成一个个美丽的梦想。今年的中元节，你可以在无忧树下种下你的愿望，忆故人、寄相思、展未来，然后带着对生活的激情、执着、热爱，认真努力地生活。

一年一年的中元节牵挂不止，想念不停，但生活必将继续，一定会有许许多多新的期待。逝去的亲人们会永远活在我们的记忆里，安康快乐、不辱使命、昂首向前、奋斗不止才是当下最美的姿态！

# 教师节

## 修炼语言是教师的必修课

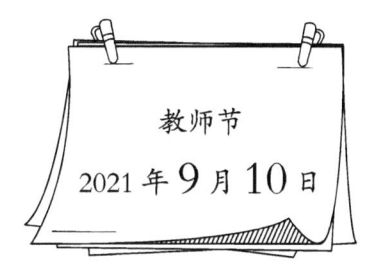

教师节
2021年9月10日

  教师在教育教学活动中，思想品德的教育，人文科学知识的传授，内在潜能的开发，综合素养的提升等，都离不开教师的语言。教师的语言是否生动、准确，是否具有号召力、感染力、震撼力，这些都与教师的教育效果密切相关。教师语言的技术、温情、智慧、魅力等，在教师的职业生涯过程中，起着重要的甚至是决定性的作用。一位良师，只有当他的语言如汩汩清泉滋润着学生的心田，如清晨的阳光给学生的心灵洒下光明的时候，才能将学生的注意力紧紧地吸引过来，使学生热情愉悦地接受老师的教诲，从而才能引领学生更好地成长。

### 一、说话要有技术

  人的发音是由多个系统器官共同参与完成的生理过程，首先是主要由呼吸系统构建的动力系统，以产生气流及声门下压力；其次是振动系统，在动力来源作用下闭合期的一对声带产生振动，产生基础的声音；再通过共鸣系统鼻腔、音腔、口腔、胸腔等共鸣腔体对声音的调制（增强某些频率的声波成分的能量）；最后经过唇、齿、舌、腭构音的活动形成最终的声音。在发音的全过程中，中枢（尤其是听觉反馈）起到了调节控制作用。即发音生理过程是在神经系统控制下由动力系统、振动系统、共鸣系统及构音系统组成。发音是有技术含量的，要从科学认识发音的特点，逐步掌握发音的规律，用科学的发声来提升交流对话的效果，提升语言表达的能力。

  发音的技巧。呼吸是发声的基础，气息通过喉部声带的震动形成声音，再经过口腔和鼻腔协调合作产生"共鸣"，最后通过舌、齿、唇的协调动作发出各种音调，形成我们丰富多彩的声音。吸气是发声的准备，讲课时要求教师吸气尽可能多一些，吸得稍微深一些。戏曲演员讲究"气入丹田"，就是在感觉上把气吸到小腹部，发声时总是感到小腹在用力。教师讲课虽不用这样严格的要求，但尽量把气吸得深，声带才不易疲劳，如果讲课时感到胸部劳累，那就表明气吸得浅了，久而久之会损害自身的身心健康，也影响自身教育事业的长远发展。

咬字不准，吐字不清，语言含糊，这也是教师讲课时常见的毛病。最有效的办法是经常进行朗读练习，选取精彩的文章段落，放慢速度逐字逐句朗读，有意识地注意字音的完整。最好能像曲艺演员那样，选两三段绕口令，锻炼唇、齿、舌的协调活动功能，持之以恒便能达到"字正腔圆"的目的。

节奏的控制。近四十年的教学实践、教育研究表明，教学语言的速度以每分钟100~120个字为宜。节奏过快，发送信息的频率太高，使学生大脑对听取的信息处理不及时，影响教学效果。反之，教学语言节奏过慢，不仅浪费了宝贵的教学时间，而且会导致学生精神涣散，降低学生听课的兴趣与效果。教学是教师的教和学生的学所组成的双边活动，因此，教学语言的节奏应与学生特点、教学内容、教学环境、教学要求等各种因素相适应。学生年龄越小，年级越低，越要相应地放慢讲话的速度，增加停顿，让学生有反应与思考的时间。当教师要通过描绘一件生动具体的故事，来激发学生学习的兴趣，教师的讲述可以快一些，这样能较顺利地激起学生的学习兴趣。当教师要通过摆出几件事实，启发学生经过思考得出一个科学结论时，教师的语言要放慢，给学生以充分的推理判断和思考时间。当教师在归纳叙述科学概念、科学结论时，要逐字逐句清晰准确，使学生能较好地掌握基本概念和科学原理。

声调的掌握。提高音量、降低音量、保持沉默等都是教师在教学中常用的手段。一般地讲，教学中讲到关键点时，或需要强调突出某个问题时，可以适度提高语言声调，放慢语言速度；在讲一般性陈述和过渡性的内容时，可用中低声调交替讲解加快语速；当发现学生出现疲惫状态时，应及时变换语音语调，以引起学生注意，使其重新兴奋起来。短暂的沉默是教师维持课堂教学秩序，引起学生注意教学内容，激发思维的一种有效方法。比如，当教室内比较喧闹时，教师利用短暂的沉默，往往会收到"此时无声胜有声"的效果。再比如，讲完一课的重点后停一下，然后再轻声地重复一遍。或向全班同学公开提出问题后，适当地有意地停顿，而暂不要求谁来回答。这样都能有效地引起学生的注意，增加独立思考的时间，进而提高教学质量。

说话要有技术：急事，慢慢地说；大事，清楚地说；小事，幽默地说；没把握的事，谨慎地说；没发生的事，不要胡说；做不到的事，别乱说；伤害人的事，不能说；讨厌的事，对事不对人地说；开心的事，看场合说；伤心的事，不要见人就说；别人的事，小心地说；自己的事，听听自己的心怎么说；现在的事，做了再说；未来的事，激励着说。

**二、说话要有温情**

俗话说，一句话说得人笑，一句话说得人跳。同样意思的话用不一样的表达方式说出来，效果是完全不一样的。教师与学生的对话，要给学生以真情，要给学生以期待，要给学生精神上的慰藉，创建一种温情场，让每个孩子感受到温暖，享受着高雅的温情，激励着孩子愉快地成长。

温情之言美在感人心脾。与学生对话交流，做他们的思想工作，最重要的是要有温情，不管是对优秀行为的赞美，还是对出现问题的批评，都需要我们付出温情。俗话说得好，春风化雨暖人心。教师的语言应该像春风化雨一样，温暖孩子们的心，使之感动，促之茁壮成长。有人说："感动，是最好的教育！"用语言去感动学生应是教师必备的基本能力。所以，教师在育人的过程中，除了对学生进行知识的传授外，还要对学生的健康成长进行全方位的积极引导。这种引导，可以使学生得到深刻的启迪，可以使学生更深刻地理解人生、理解生活、理解世界。

不说明知故问的疑问句，要说明确指示的陈述句。有一个学生在课上玩手机，被老师当场发现，质问他："你在做什么？"不曾想学生大声回答："玩手机。"老师当下被激怒："你就不要上课了，去教室外玩手机吧，等会儿玩够了再来上课。"学生听了老师的话当场起身，负气而走，将老师置于尴尬的境地。老师完全可以这样说："现在开始上课了，请大家把手机等与课堂学习无关的用品收起来，课后有时间再玩。"教师直截了当地提出明确的要求，就可以避免师生之间出现矛盾，出现十分不愉悦地场景。

不说基于问题的质问句，要说基于期待的询问句。一名学生上课迟到了，老师问："怎么迟到了？"骑自行车上学的学生这样回答："老师，我的自行车链子掉了。"走路上学的学生这样回答："老师，今天我的闹钟没有响。"无论学生如何回答，我们相信，老师听了都不会满意，总觉得学生是在为自己的问题行为找借口或辩解。因为老师的问话是基于问题的，所以这样的问话就给有效沟通和师生和谐关系的建构设下了障碍。其实，我们可以用基于期待的方式来进行沟通："从脸上的汗水可以看出你上学的路上不顺利，身体没有问题吧。注意提前预设路上可能出现的问题，争取以后不迟到"。"再也不迟到了！"学生一定会这样回答，师生皆大欢喜。基于期待的师生沟通，师生双方都能看到一种美好的期待，沟通自然友好顺畅。

不说伤害学生自尊的话，多说关心学生成长的话。一位学生课上不愿意回答语文教师的提问，老师非常生气，责令学生站起来说明原因。这位学生的同桌向教师解释道："老师，她的姥姥去世了"。教师听后更加火冒三丈："姥姥去世也就算了，你语文还得要好好学嘛，要不怎么对得起你那去世的姥姥？"教师只有自己所教授的语文课程而毫无人性关怀的责问，无疑是令人伤心之举。如果我们的老师是有人文、人情的长者，如果他能够表达其对学生的关心，与学生同情共振，他就可以这样说：姥姥去世了，的确是一件令人悲伤的事情。姥姥是我们最亲近的人，也是最关心我们成长的人。这位同学，老师希望你能打起精神来，以优良的学习状态和优异的学习成绩来回报姥姥对我们的关爱，来表达我们对姥姥的思念，好不好？这样一段温暖的真情话语，就能走进孩子的心灵，促其振奋精神，以良好的状态投入到学习中来。

尊重学生、关爱学生是师生有效沟通的前提，教师只有心中装着学生，从关爱学生成长的角度来说话，说出的话才是真情流露，才可能是温暖有温度的，师生沟通才能敞开心扉，教育才能直达孩子的心灵，促进孩子健康而快乐地成长。

**三、说话要有智慧**

马卡连柯说："教育的技巧就在于随机应变。"这也就是我们常要求的教师应具有教育机智、教育智慧。教育智慧就其实质而言就是一种转化师生矛盾的艺术，是一种正确处理教与学矛盾的技巧，其要诀是避其锋芒，欲扬先静，以智求进，以励促长。表现在语言艺术上则是直话曲说，急话缓说，硬话软说，话中有和谐，话中讲人本，话中现智慧。我们知道，在平常课堂上学生的回答有时会与老师的意图背道而驰，这时有的老师则以"不全对，请坐！""不准确，谁再说！"等语言来否定学生的回答。这样往往会损伤学生发言的勇气，从而渐渐丧失学习激情，影响学习兴趣。而如果运用自己巧妙且富有智慧的语言来引导、鼓励学生的回答，并且注意情绪导向，做到引而不发，如老师说：回答虽然不完全正确，但老师还是要感谢你的勇气。学生有这样一个老师和风细雨地帮助他们纠正学习中的错误，激励他们成长，教育就会出现新景象。

1. 最近怎么有些沉闷？我需要你的热情！

老师的话语犹如阳光播撒到学生的心灵，使学生充分感受到老师时时刻刻在关注、关心着自己，并且愿意随时给自己提供帮助。学生感受到了老师的心和他的心紧贴在一起，再大的困难也能克服。

2. 我们每个同学都很聪明，应该积极发表自己的见解！

老师使用激励性语言给予学生信心，巧妙地引导学生积极思考，激发学生展开新一轮挑战的决心。这在潜移默化中增强了学生战胜困难的信心和恒心。

3. 如果你能试着喜欢上自己的弱科，一定能成功！

这样充满鼓励性的话语能够帮助学生消除偏科现象，激发学生对学习的兴趣，鼓励他们全面发展。在现在这样的一个知识经济社会，教师要善于引导学生全面发展，成为综合素质较高的人才。

4. 勇敢点！不要怕，天塌下来，老师替你顶着！

学生面对困难、挫折难免会产生畏难情绪，这时教师的语言应该像"雪中炭"、"六月风"。这样的语言让学生深切地感受到老师理解自己，并打算用行动来支持自己，能和老师并肩作战。当然，对任何困难就不再惧怕了。

5. 你是一个很有想法的孩子，你的见解很有创意！

这句话肯定了学生的创新思维和发展潜力，教师善于培养学生的发散思维和创新精神，激励学生不断努力，成为高素质人才。

6. 你的潜力很大，对于你来说，只要好好挖掘，没有不可能的！

这是一句发展性的评价语，教师帮助学生认识他们在学习上已达到的程度和已具备的能力，鼓励学生继续努力，不断挖掘自身潜力，实现自身的可持续发展。

7. 也许你现在是贫困的，但老师相信，20年后，你是最富有的！

用正确的方法教育学生认识富有与贫穷。告诉学生，只要通过自己的努力，就可以实现自身命运的改变，变成一个物质和精神都富有的人！

8. 你敢于向老师（教材）提出个人见解，非常了不起！

教师在课堂上对学生行为评价的话语，体现了对学生敢于发问的肯定。这是教师对学生发问行为本身的尊重，会在一定程度上激发学生的创新思维，使学生获得最大程度的发展。

9. 你的思维很独特！能说说你的想法吗？

这是教师一种邀请式的做法。对学生行为给予了较高的评价，邀请式的做法体现了教师对学生人格和行为价值的尊重。这种做法会使学生在得到充分尊重的前提下，更易于和教师进行交流，发表自己的见解。

10. 只要肯动脑筋，你一定会变得更聪明！

学生的能力总是希望别人给予肯定，教师运用正面引导的话语，充分展现了学生获得良好发展的前景，同时又隐含着告诉学生取得成功的正确途径和方法——"肯动脑"。这样的话语会使学生向着积极的方向付出努力并且获得最大可能的发展。

教师的说话一定要和脑子商量，因为你是一个为党育人、为国育才的新时代教育者，你是在与一个渴望成长的未成年人对话，要对其成长负责，要思考说话的理念、说话的导向，说话的理性、说话的能量、说话的智慧。教师要成为学生成长的精神导师。

**四、说话要有魅力**

教师语言越有魅力，教育的效果就越好。抑扬顿挫是节奏美，声情并茂是情感美，逻辑严密是理性美，诙谐幽默是机智美，启迪心灵是道德美，激情澎湃是力量美。教师的语言要能激发起学生的精气神，塑造出学生的真善美。

词准意切，通俗易懂。词准意切，指教师在教学中运用的词语必须准确明了，不能含糊其辞。既应有书面语言的严密精确，又应有口头语言的通俗易懂，顺口悦耳，便于说、听和记笔记，这是对课堂教学语言的要求。我们教学的任务是根据教学计划、课程标准的要求将教材的知识内容传授给学生，并有效提升学生的学科素养，从而使学生能听懂、能学会、能掌握、会迁移。其前提条件是教师使学生听懂、理解。如果教师的语言吞吞吐吐、词不达意，使学生听起来糊里糊涂，莫明其妙，这就无法实现学习目标。有些书面语，学生不易理解，这是极为正常的。为了使学生更好地感知教材、理解教材，教师还必须把比较难懂的书面语言变成比较通俗的口头语言，使学生容易理解。这也要求教师的教学语言既要词准意切，又要通俗易懂，具有通俗化、口语化的特点。

亲切热情，文明礼貌。亲切热情，就是在教学中语言要有亲切感，充满对学生的关心爱护，多鼓励，以宽为主，以严为辅；不能老拉着脸，板着面孔。只有这样才能营造轻松和谐的教学气氛。比如教师让学生回答问题，学生这时一般都比较紧张，教师应用亲切柔和的语调告诉他："不要慌，胆子大些，错了也没关系。"这样让学生感到教师和蔼可亲，建立融洽的师生关系。

礼貌用语，注重运用。教师和学生说话要讲礼貌。像"请""对不起""谢谢"等礼貌用语，要提倡师生之间相互学习，共同成长，让学生既感到与老师之间平等，又感到老师谦虚可敬。在教学中教师还可以常引用一些名人诗句、格言成语来表达教师的意思，同学们感到老师词语丰富、生动、文雅，也就会更敬重老师。

生动形象，诙谐雅趣。在教学中采用生动形象、诙谐雅趣的语言能拨动学生的心弦，引起他们的求知欲。从心理学上来讲，教师讲课时如使学生感到有趣，就会激起学生强烈的学习兴趣，听起课来精神集中，记忆深刻。教师的语言生动、风趣虽不可能像相声演员那样，但课堂上注意语言幽默风趣却是非常必要的。苏联教育家马卡连柯曾说："教学语言是最重要的教学手段"。教师在课堂教学中讲究教学语言艺术，这必然会增大教学的吸引力，使学生全神贯注地沉浸在知识的海洋中，探索知识的奥秘，感到学习的乐趣，同时，也有利于教师保护自身的身心健康。

语言是艺术，其中蕴含的能量是温暖而促人奋进的，教师运用好语言艺术对我们教学工作的影响是非常巨大的。所以，掌握好这门艺术，充分展现教师语言的独特魅力，你就可以成为更优秀的教师。

**五、说话需要修炼**

语言是思想的载体，语言是有声的力量，教师语言艺术在教书育人中起着举足轻重的作用。无论是在课堂中，还是生活中，教师都离不开语言的表达。教育的艺术不在于传授经验，而在于"激励、唤醒、鼓舞"。语言是一门需要穷极一生去打磨的艺术，追求语言艺术的过程，也是教师自我修炼的过程，教师的语言修炼永远在路上。

幽默之言趣在耐人寻味。幽默能给学生带来欢笑、带来理解、带来信心，幽默是师生关系的润滑剂。教师幽默的语言不仅可以使课堂气氛更加活跃，而且可以使学生在一笑之余引发联想，使学生感受到学习的乐趣。不仅如此，幽默还可使学生充分地感受到老师的人情之美和性格优点，达到"亲其师而信其道"的目的。这样的幽默语言调节了课堂的气氛，激发了学生的兴趣，启迪了学生的智慧，让学生在和谐愉悦的氛围中得以发展，更让课堂增加了浓浓的人文气息。

语言激励是促进孩子成长的强大驱动力。教师充满激励的语言，能让学生不断地获得走向成功的动力。如在课堂中，对回答得不对的学生说："感谢你为同学们提供了思考！"对回答时不够流畅、声音小的学生，反复启发仍不理想的学生说："理解他吧，他把自信藏在心里了。"对答错的学生说："也表扬你，表扬你的勇气！"这样一句句真挚的话语让每个学生都会有学习的信心。其实面对学生，教师的话讲得得体就是感染力，讲得精彩就是影响力，讲得智慧就是催生力，讲得深情就是冲击力，所有这些"力"加起来就是一种强大的驱动力。它推动着教育教学活动顺利高效地向前展开，也激励着每位学生健康活泼地走向成功。

塑造孩子健康的心灵。学生心灵和身体都正处于非成熟状态，良好的引导和呵护能够使他们的心灵茁壮成长。所谓良言一句三冬暖，当一个孩子犯错的时候或当一个孩子需要帮助的时候，如果教师能够用一句温暖而又尊重他们的话来宽慰他们，他们将受益匪浅。近年来，媒体上的虐童事件不绝于耳，当然虐待儿童不仅仅是在身体上，更会在孩子幼小的心理上抹上一层挥之不去的阴影。教师语言暴力是绝对不该出现的，为人师表者，当以身立教。教师要把握好语言艺术，将思想品德、文化修养、知识水平、生活作风、人生态度及处事方法通过语言去潜移默化地影响学生，塑造他们的心灵，在孩子的精神世界里播撒真善美的种子。

提升教师上课的精神品质。教师语言是教师传递知识的主要手段，有些新上任的老师，课前准备的非常充分，可是却始终得不到良好的课堂效果；而有些教师上课过程中基本不需要维持秩序，却能把学生的注意力牢牢集中到自己身上。教师语言艺术的高低则会直接影响学生上课对知识的接收程度。在课堂教学中，只有教师的语言生动有文采，才能吸引人，打动人。每位教师要尽量做到"丰而不余一言，约而不失一词"，努力提高自己教师语言的表现力和感染力，使学生在轻松愉快的气氛中领悟到教师语言的艺术和魅力，从而大大提高教育教学效果。良好的精美的教师语言，从教师职前开始就需要精心培养，因为教师的语言能力也是一种核心竞争力。

提高教师自身素质的需要。教师语言艺术，反映了教师的能力和水平，同时，在一定程度上决定着教师的教育教学效果。教师的良好愿望、美好心灵、热情态度、诚挚关怀等等，都需要通过语言来表达。同时，教师的教育水平与他的语言艺术也息息相关。提升语言表达能力，需要长期的文化积淀，需要肚中有货才有生产的本钱。教师要成为终身的阅读者，不断丰厚自身的知识世界，修炼自身的精神境界。提升语言表达能力，需要不断开展规律的探究，从大量的实践中体验、感悟、升华，需要从身边优秀教师中吸收其养分，不断提高自己的语言素养，全面提升自己的专业化水平，努力争做新时代的优秀教师。

当今社会中，各个方面和领域都需要交流，需要沟通，人和人之间要交流思想、沟通感情最为直接简便的方法就是语言。只有语言表达十分出色，才能够让相互熟识的人之间萌生出浓厚的情意，加深友爱；能够让陌生人之间产生好感，产生友谊；能够让意见分歧的人们相互理解，消除彼此间的矛盾；能够让相互怨恨的人们化干戈为玉帛，变得友好相处。

教师是人类文化知识的积极传播者和创造者，他们把前代人的文化精华传递给下一代，又不断地融合和创造着新文化，使之更适合于青少年学习和社会发展需要。语言的表达能力、智慧艺术，对教师来说是至关重要的，语言修炼是教师的必修课，教师需要在终身学习中拓展视野、积淀文化、涵养境界、担当使命、展现魅力。

# 中秋节
## 中秋时节话团圆

"海上升明月，天涯共此时"。9月21日（农历八月十五），是一个喜庆的日子，我们送走了属于所有老师的教师节，又迎来了合家团圆的中秋节。这是中华民族的第二大传统佳节。

中秋节起源于上古，普及于汉代，定型于唐朝初年，盛行于两宋之后。早在《周礼》一书中，就有"中秋"一词的记载。后来贵族官吏和文人学士也相继仿效，逐步传到民间。中秋节有许多别称：因时间是在八月十五，所以称"八月节""八月半"；因中秋节的主要活动都是围绕"月亮"进行的，所以又俗称"月节""月夕"；中秋节月亮圆满，象征团圆，因而又称"团圆节"，有"花好月圆人团聚"之谓。

中秋节是一个喜庆丰收的节日。"春因繁花而美丽，秋因收获而充实"，中秋节的起源和农业生产有关。秋天是收获的季节，农民为了庆祝丰收，表达喜悦的心情，就以"中秋"这天作为节日。在这一天，人们祭祀土地神，拜谢土地神的庇护，称为"秋报"。月明风清，民间很多地方要在这一天要举行赏月、祭月、吃月饼祝福团圆等一系列庆祝丰收的活动。各地至今还遗留着"拜月坛""拜月亭""望月楼"等古迹，北京的"月坛"就是明嘉靖年间为皇家祭月修造的。

中秋节是一个唯美浪漫的节日。有关中秋的传说很多，自古就流传着许多美丽的传说。"嫦娥奔月"在中秋之夜不仅给人以无穷的遐想，而且将中秋之夜点缀得浪漫、温馨，更加迷人。嫦娥奔月、吴刚伐桂、玉兔捣药等传说大家都耳熟能详。在这里讲一个唐玄宗的故事，传说唐玄宗曾经梦游月宫，听到天上有仙乐奏曲，见到身穿霓裳的仙女翩翩起舞，此情此景令玄宗如痴如醉，醒来后依然念念不忘。后来他回忆梦中所闻而作《霓裳羽衣曲》，并令杨贵妃编排舞蹈在宫中表演，成为唐朝歌舞中集大成之作。这些传说故事，无不寄托着人们对生活无限的热爱和对美好未来的向往。古往今来，人们常常用月圆月缺来形容悲欢离合，更是以月来寄托深情。

中秋节是一个清净感恩的节日。"明月松间照，清泉石上流"，中秋最美是感恩！给父母一声问候，给亲友一个微信，感恩父母的养育，感恩老师的培养，感恩党和人民的关怀。中秋，我们要用一颗感恩的心来度过，感恩一切帮我们成长的人。心怀感恩，我们才懂得尊敬师长，才懂得关爱他人，才懂得勤奋学习，才懂得努力工作，才会真正拥有快乐与幸福。

中秋节是一个寄托思念的节日。古往今来，多少文人墨客在中秋之夜，尽情抒发自己情怀，留下许多不朽的诗句！李白说"举头望明月，低头思故乡"，张九龄说"情人怨遥夜，竟夕起相思"，王建说"今夜月明人尽望，不知秋思落谁家"，杜甫说"遥怜小儿女，未解忆长安"，白居易说"西北望乡何处是，东南见月几回圆"，苏轼的"明月几时有，把酒问青天"，王安石的"春风又绿江南岸，明月何时照我还"等诗句，都是千古绝唱，此情绵绵，尽是相思。月亮最美，美不过合家团圆；月亮最高，高不过亲人思念。中秋圆月会把我们的思念，传递给我们牵挂的人，祝他们没有忧愁，生活充实、生命欢愉；没有烦恼，滋润绵长、永远幸福！

中秋节是一个幸福团圆的节日。都说"每逢佳节倍思亲"，亲情是黑暗中的灯塔，是荒漠中的甘泉，是雨后的彩虹，中国人历来把团圆看得弥足珍贵。中秋节是一个飘逸亲情的节日，是一个弥漫团圆的时节。这个时节，感受亲情，释放亲情，增进亲情；这个时节，盼望团圆，追求团圆，享受团圆。家人相聚，尝尝月饼，品品香茶，体会天伦之乐。"明月在心头，快乐长久存"，月圆人团圆，中秋节是中华民族凝聚力的体现，它展现了一种独特的民族魅力，这也是新时代中国人民生活的主旋律。此时此刻，我们更加期盼祖国和平统一、中华民族日益昌盛。

中秋节是一个憧憬美好的节日。我喜欢中秋的意境，欣赏与品味今日月饼之美，期待与憧憬祖国的明天更美丽。月饼大外观像大饼，很厚实，新鲜的面，新鲜的馅。不管是蒸出来的，还是烙出来的，上面都有用农家的大碗所刻画出来的月的图案，其中又有桂花雕印出的花瓣。馅，也很特别，主料是红糖，里面放些芝麻、青红丝、果仁、葡萄干等。新做出的月饼，蒸的，柔软可口，适合老年人；烙的，外焦里嫩，年轻人情有独钟。你看，新端上来的月饼，热气腾腾，一股清香味道扑面而来，真令人垂涎欲滴！一家人幸福团聚，品尝美食，欢声笑语，笑逐颜开，不仅享受当下的愉悦生活，更是亲人们畅谈未来、相互激励、勇敢前行、憧憬美好生活的时刻。

"明月关山长相望，天下何处不中秋"。中秋，是一个弥漫团圆的时节。月亮的圆，月饼的圆，以及每个人心中所追求的美好的团圆，是中秋永远的主题，也是中国人民文化心理的最终归宿。中秋佳节，共享全家团聚之乐，这便是最大的幸福。中秋最美，美不过一颗深深感恩的心；中秋最美，美不过最真心的祝福！

# 中国农民丰收节

## 稻花香里说丰年

"明月别枝惊鹊,清风半夜鸣蝉。稻花香里说丰年,听取蛙声一片。七八个星天外,两三点雨山前。旧时茅店社林边,路转溪桥忽见。"这是一首吟咏农村田园风光的词,出自南宋词人辛弃疾的《西江月·夜行黄沙道中》。词的上片写月明风清的夜晚,以蝉鸣、蛙噪这些山村特有的声音,展现了山村乡野特有的情趣,全诗散发着浓郁的生活气息,表现了词人在丰收之年的喜悦和对农村生活的热爱之情。词人千年后的金秋时节,我们迎来了第四届"中国农民丰收节",祖国大地桂香菊芳,稻菽逐浪,果蔬飘香,这是全国人民"把酒话桑麻",喜庆五谷丰登,国泰民安,和谐筑梦的佳节,在此,我们真诚地致敬中国农民,礼赞天下丰稔!

月从今夜满,秋向此时分。2018 年 6 月 21 日,在中国改革开放 40 周年之际,党中央研究决定,自 2018 年起,将每年农历秋分(每年 9 月 23 日前后)设为"中国农民丰收节",全国人民迎来了第一个"中国农民丰收节"。这是党中央、国务院做出的一项重大决策,是第一个在国家层面专门为农民设立的节日,是党和国家高度重视农业和关心农民的生动体现。我们党历来重视农民问题。早在 1927 年,毛泽东同志在《湖南农民运动考察报告》中,就指出了正确对待农民问题的重要性,并赞称农民是革命先锋。习近平同志指出,设立中国农民丰收节,进一步彰显了"三农"工作重中之重的基础地位,是一件影响深远的大事。秋分时节,广大农民共庆盛世华诞,共享丰收喜悦,确实正当其时。

## 魅力节日

丰收节，又叫"庞格尔节"，在公历3月中旬左右，盛行于印度南部，节日期间，家家户户要打扫清除，人们要穿戴一新，做甜牛奶米粥敬奉太阳神，尔后全家分食。我国农耕文化历史悠久，源远流长。"耕而食""耕而织""耕而作陶"。丰收节在我国有着上千年的历史，农历十月初十日是传统的丰收节，主要是庆祝一年的丰收，祭祀丰收神"炎帝神农氏"。熟悉农业的人都知道，水稻在南方一般种两季，阳历七月早稻成熟，收割后，得立即耕田插秧，务必在立秋左右将晚稻秧苗插下。水稻插下后，要等六十多天才能成熟，八月插下十月收割。收割、犁田、插秧十分忙，所以叫双抢。阳历十月收割完稻谷，还要晒谷子，收入粮仓储藏。十月份还要收花生、玉米及其他相关农作物。到农历十月初十（阳历十一月）左右，农民才开始真正的清闲下来。

中国民间认为，农历双十节是"十全十美"的吉日，在这天结婚登记的人，更是认为是"十全十美婚"。每年的丰收节这天，家里有外出打工的子女都必须回来过节，出嫁女也会带着女婿和小孩一起回来过节。特别是家中有老人的，做子女的更要回来过节。村民还喜欢带朋友一起回来过节，哪家的人回来得齐、来的朋友多，就证明那一家人最团结、和睦、人缘好。

2021年，在新中国成立72周年之际，我国脱贫攻坚已经取得了全面胜利，因此，今年的中国农民丰收节有着特殊的意义。相关工作的开展顺应了新时代、新要求、新期待，极大调动起亿万农民的积极性、主动性和创造性，提升亿万农民的荣誉感、幸福感与获得感，汇聚起脱贫攻坚、全面建成小康社会、实施乡村振兴战略，加快推进农业农村现代化的磅礴力量。盘点丰收的喜悦，我们深切体会到"中国要强，农业必须强；中国要美，农村必须美；中国要富，农民必须富"的丰富内涵和深远蕴意；深切体会到总书记嘱托"任何时候都不能忽视农业、忘记农民、淡漠农村"的殷殷关切与拳拳深情；深切体会到党中央要求"尽快在全国实现农业现代化"的热切期望和光荣使命。让我们以丰收节为媒，传承民族文化，寻找历史归属，释放时代情感，围绕"产业兴旺，生态宜居，乡风文明，治理有效，生活富裕"等战略政策，助力振兴乡村。

我国是农业大国，重农固本是安民之基、治国之要。广大农民在我国革命、建设、改革等各个历史时期都做出了重大贡献。今年是农村改革42周年，我国农业农村发展取得历史性成就，发生历史性变革，广大农民和社会各界都要积极参与中国农民丰收节活动，调动亿万农民重农务农的积极性、主动性、创造性，让农业发展有奔头，让农民职业更体面，让农村成为安居乐业的美丽家园。特别是要以农民丰收节为契机，精心组织系列庆祝活动，引导社会各界关心农业、关注农村、关爱农民，营造全社会共同参与乡村振兴的良好氛围，引导各类人才和资源要素向农村流动，共同推进乡村振兴。全面实施乡村振兴战略、加快推进农业农村现代化，在促进乡村全面振兴、实现"两个一百年"奋斗目标新征程中，谱写我国农业农村改革发展新的华彩乐章，全面推进中国社会主义现代化建设新征程，为实现中华民族伟大复兴的中国梦而激情奋斗！

秋分又至，中华大地喜庆第四个中国农民丰收节，百年辉煌，再谱新章，从脱贫攻坚宣告胜利到乡村振兴风帆正扬！希望，在丰收的田野上升腾！强国梦，在中华民族960万平方公里的土地上升腾！

# 孔子诞辰纪念日

## 像孔子一样做教师

孔子诞辰纪念日
2021 年 9 月 28 日

  孔子,中国儒家学派的创始人,是中国历史上著名的思想家、教育家、政治家,后人尊为"千古圣人""万世师表""至圣先师",被联合国教科文组织评为"世界十大文化名人"之首。新时代的教师要担当起历史使命,追寻崇高的教育事业,就要像孔子一样做教师,在为党育人、为国育才的神圣事业中做出自己应有的最大贡献!

  孔子在《论语》中这样描述自己的一生:"吾十有五而志于学,三十而立,四十而不惑,五十而知天命,六十而耳顺,七十而从心所欲,不逾矩。"

  "十五"开始的终身学习是一种"吾日三省吾身"的学习,是一种"朝闻道,夕死可矣"的学习,是一种朝向真理朝向生活的探索,也是"知""行"合一的学习,这个"志"是非常重要的。因为人生没有这样一种志向,就会缺少一种真正的人生方向。刚刚走上教育岗位的青年教师朋友们,一定要早日树立教育的志向,要规划好自己的教育人生,要走好教育的第一步,带着志向,带着激情,带着使命去投身教育事业,去经历教育的春夏秋冬,去尊重孩子成长的天性,去探索教育的内在规律,去慢慢感受教育的美好!

  "三十而立",它意味着生命的独立。作为一个教师来说,他因为什么能立于讲台上?从十五岁修炼,到了这个时候,他基本掌握了人生需要的基本技能、基本能力,能够站立于世界。"三十而立",也可以看作是教师的职业修炼、职业创造、职业担当、职业奉献。三十的你,既有了一定的教育教学经验,抑或走向了教育教学的骨干,又处在身体强健之时,正是教育耕耘的最佳时光，你应该成为团结合作的良师，你应该成为敬业乐业的智者，你应该成为创新奉献的典型，你应该成为挑战超越的榜样，你应该成为立于讲台、创造精彩的新时代好教师！

"四十而不惑"，什么是不惑呢？有两个方面含义，第一个含义是他不再迷惑了，第二个含义是不再被诱惑了。不惑意味着对职业的真正认同，也就是说职业认同在后，职业修炼在前。专业发展与专业修炼是一种技能工作。职业认同牵涉到对生命的理解，这个时候人生的智慧开始形成了。让一片土地不生荒草的办法是种上庄稼，而让一个人不惑的办法是获得信念，获得对生命、对世界、对人类历史的一种敬畏与信任。四十岁是教师非常成熟的发展阶段，他能对自身从事的教育事业高度热爱，他能沉浸在与孩子一起成长的动人故事里，他能把握好育人的规律，他能启迪学生智慧、包容学生问题、激励学生成长，他能创新推进学生德智体美劳全面发展，为孩子的终身发展与幸福人生奠好基！

"五十而知天命"，这里的天命是讲使命感。你这个时候应该知道自己的使命是什么，在经过了职业修炼、职业认同以后，你应该变得越来越坚定。对自己来这个世界一趟，有一种清晰的使命感，作为一个五十岁的教师，我们的职业天命是什么？我们究竟培养什么样的人？为谁培养人？如何培养人？依靠谁培养人？对这些问题有自己深度的思考，对党的教育方针有一个科学准确的理解与践行，逐步创建自身独特的教学风格，有自己先进的教育理念与教育思想，有自身的教育坚守与价值追求，淡薄个人名利，履行教师使命，担当时代责任，实现教育人生的高阶价值！

"六十而耳顺"，在担当天命的过程中，这个时候的"耳顺"是能够倾听各种各样的意见，又不违背自己内心的原则，意味着生命在这个时候获得了一种新姿态。它不仅仅是对自己内在奥秘的认识，更重要的是对整个世界的同情与悲悯，是在不丧失原则的前提下，和世界一切相处的和谐态度。作为六十岁的老教师，是您发挥余热的最好时期，您可以退而不休，继续为教育事业、为子孙后代的成长做贡献；您可以热情支持学校领导班子的工作，关注教师的成长，继续为学校的发展增光添彩；您可以为您的亲人、为您的家庭幸福做更多的精心服务；您可以多做调查研究，多倾听他人意见，多做对他人、对集体、对祖国有益的事；您应该用您的真善美去唤醒社会的良知，去传递正能量，去共同创建和谐美好的社会！

"七十而从心所欲，不逾矩"，是儒家人生的最高境界、自由之境。我们经常说崇高的境界，也就是这样一种积极而自由的境界，这样的境界对很多人来说可能是难以企及的，但它应该是我们生命职业的最终追求。身处七十的老教师，人生阅历丰富、教育故事丰满、教育感悟丰厚，此时的您是一个特别受尊重的老教师，虽然夕阳西下，但依然光明灿烂！您对教育是崇高而伟大的事业有自己独特的建树，您对教育是伟大的公益事业有自己独特的坚守，您真正淡薄了个人名利而思考教育的未来、民族的未来、祖国的未来！您能发表自己的独特观点，能以中华民族主人翁的精神对教育改革献言献策，而不是人云亦云，随波逐流！您会回味教育的美好人生，书写教育的真知灼见，传递教育的温暖温情，接续为强国梦的实现贡献毕生的力量！

孔子一生没有给我们留下诗篇，但他整个生命呈现出本真的诗性，他的一生就是一首耐人寻味、感人至深、出神入化、雄奇飘逸的美丽诗篇。他没有写过像苏格拉底、亚里士多德、柏拉图所写的那样的哲学著作，但他的整个生命呈现出本真的哲学思考状态。他提出的"为人师表、实事求是、举一反三、温故知新、敏而好学、不耻下问、有教无类、因材施教、循循善诱"等理念成为流传千古的教育真谛。他没有波澜壮阔的生命经历，他颠沛流离，疲于奔命，但他提供了一个在平凡的生活中最普通的生命所达到的最高境界，成为中国教育史上的至圣先师！

孔子的理想是"老者安之，朋友信之，少者怀之"。什么叫"老者安之"？就是那些年长的人、长辈们对我们安心了，愿意把他们的事业托付给我们。什么叫"朋友信之"？朋友啊、同事啊，大家对我们无限信任，愿意和我们一起合作、一起共事、一起担当、一起创造辉煌明天。什么叫"少者怀之"？就是年轻的学生在离开我们教育之后，经常怀念我们，回味着难忘的充满欢乐的学校生活，有许许多多有趣味的童年故事，深刻地记忆在生命里！

像孔子一样做教师，应该成为新时代教师的教育追求！

像孔子一样做教师，让教育之梦承载着强国梦的实现！

# 国庆节

## 爱国主义是新时代的最强音

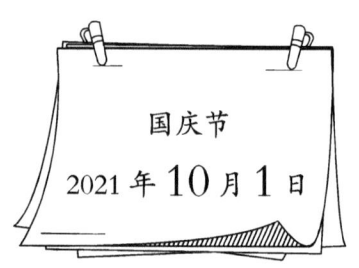

国庆节
2021年10月1日

习近平同志在北京大学师生座谈会上讲到,"爱国,是人世间最深层、最持久的情感,是一个人立德之源、立功之本"。在中华民族几千年绵延发展的历史长河中,爱国主义始终是激昂的主旋律,始终是激励我国各族人民自强不息的强大力量,是中华民族精神的核心。当每一次面对冉冉升起的五星红旗,我们每个人的心底都会涌动起热爱祖国、报效祖国的伟大豪情。当我们即将迎来2021年国庆节,当巍峨的华表尽情地涂染深秋的曙光,当雄伟的天安门迎来东升的朝阳,你的耳畔是否依稀传来72年前的"历史回响"?这是一位巨人俯瞰世界的声响——中华人民共和国成立了,中国人民从此站起来了!那是中国沧桑的巨变,历史凝聚着磅礴的力量,筑起了一座座丰碑,屹立在世界的东方!中国有着五千年的灿烂文明史,历史的长河记录了中华文明的美丽故事与辉煌成就,承载了中华民族的磨难与奋进、勇敢与挑战、梦想与荣光。泱泱中华五千年,那滚滚的黄河是她澎湃的热血,不断催人奋进;那奔腾不息的长江是她灵动的脉搏,日夜悸动跳跃;那连绵起伏的长城是她挺拔的脊梁,千年岿然不动……它们记载了祖国母亲无数的沧桑,中国,我为你自豪!为你骄傲!

中华民族是一个伟大的民族。我们有过繁荣昌盛的汉唐,有过疆域辽阔的大元,更有灿烂美丽的唐、宋文化;但是也有屈辱的近代史,从鸦片战争到抗日战争结束,一百多年里,西方帝国主义列强,曾经在中华大地上演过无数血泪斑斑的惨剧。我们的祖国走到今天经历了多少艰难的岁月!谁能忘记悲壮的甲午战争?谁能忘记圆明园燃起的冲天大火?谁能忘记震惊中外的南京大屠杀？谁能忘记黄浦江畔"华人与狗不得入内"的牌子？为了洗雪国耻，为了拯救危亡，多少中华儿女前仆后继，谭嗣同、李大钊、杨靖宇、赵一曼……新中国成立以后，有很多杰出人物，如邓稼先、华罗庚、钱学森等，他们放弃国外荣华富贵的生活，为国家的现代化建设做出了卓越贡献。他们可歌可泣的动人事迹，永远激励每一个中华儿女奋发向上、激情挑战！中国共产党经历了100年的风风雨雨，今天，依然坚定地驾驶着"南湖船"，迎风搏浪，开启全面推进社会主义现代化建设新的伟大征程！

新中国经过72年的艰苦建设，已取得了"乘长风，破万里浪"的迅猛发展。中国人民自豪地指点江山，经过72年的奋发图强，抒写了新中国灿烂的华章。72年岁月如歌，中国人民在中国共产党的坚强领导下，在社会主义建设事业的各个方面都取得了丰硕的成果。72个春秋，锦绣大地神采飞扬；72个春秋，江山如画诗意酣畅；72个春秋，一座座彩虹跨越长江，雄伟的三峡大坝锁住千里苍茫；72个春秋，"两弹一星"的红云刺破天穹，神舟飞天、嫦娥奔月、天问遨游太空，牛胰岛素人工合成，曙光、银河系列巨型计算机研制成功，两系法杂交水稻新品种问世，中国入世，奥运盛典成功举行，香港、澳门回归祖国，大陆、台湾实现两岸三通，我国进出口总额位列全球鼎甲，中国已成为世界第二大经济体，发展成就实令四海钦敬；72个春秋，人民军队威武雄壮，捍卫祖国的铁壁江山。今天，14亿中国人民以前所未有的雄姿，勇立时代潮头，人民驾驭改革的春风，实现中华民族伟大复兴的希望，"风景这边独好"！

"百年党史显初心，世纪回眸勇前行"。中国历史和党的百年奋斗历程深刻昭示我们：爱国主义，在不同的时代有不同的内涵。习近平同志曾指出，对每一个中国人来说，爱国是本分，也是职责，是心之所系，情之所归。只有坚持爱国和爱党、爱社会主义相统一，爱国主义才是鲜活的、真实的，这是爱国主义的本质，也是当代中国爱国主义精神的最重要的体现。

面对新中国72年来的风雨沧桑，面对新百年、新使命、新挑战，作为华夏儿女，炎黄子孙，我们骄傲，我们自豪！回眸历史，不是为了让我们陶醉于往日的辉煌，而是要鞭策我们，更加奋力谱写盛世华章！

中华民族是一个崇尚爱国的民族，在中国历史发展的曲折过程中，爱国主义历来是我国人民所崇尚的。爱国主义精神是我们这个民族最美的花朵，是我国各族人民团结奋斗的光辉旗帜，是推动我国社会历史前进的强大动力，爱国主义更应该成为这个时代的最强音！"雄关漫道真如铁，而今迈步从头越"。让我们高扬爱国主义伟大旗帜，以饱满的热情、昂扬的斗志去学习、去工作、去创造、去挑战、去超越，以优异的成绩向建国72周年献礼！让我们迎着新时代的步伐，唱一曲振兴中华的正气之歌，以示对祖国矢志不渝的热爱。前进的中国，您是中华儿女心中永远的骄傲！

深深地祝福我们伟大的祖国，与天地同寿，与日月同辉！

# 重阳节

## 最美莫过夕阳红

    人生易老天难老，岁岁重阳，今又重阳，战地黄花分外香；不似春光、胜似春光，寥廓江天万里霜。10月14日（农历九月初九），是中华民族又一个传统节日——九九重阳节，也是传统的敬老节。"老吾老以及人之老""人人都要老，人人都敬老"，是我国自古以来倡导的敬老传统。

    我国自古以来就有以农历九月九日作为尊老敬老的重要习俗。1989年，我国正式把农历九月初九定为"老人节"，寓意老年人健康长寿，所以重阳节又可称为敬老节。从2018年开始，国际社会将每年的10月1日定为"国际老人节"。农历九月九日，之所以叫重阳，是因为古老的《易经》把"六"定为阴数，把"九"定为阳数，九月九日，日月并阳，两九相重，故而叫重阳，也叫重九。又因为数字"九"与"长久"的"久"同音，九在数字中又是最大数，九九重阳谐音"长长久久"，有生命长久、健康长寿之意。而且秋季也是人们辛勤劳动创造的收获季节，今天的幸福生活有着老一辈人的艰辛努力，祝贺这美好吉日。

    重阳节也有古老的传说，相传在东汉初年，时常有瘟魔作乱。当时有一个名叫恒景的青年，他不畏艰辛，终于找到了一个法力无边的道长，学会了降妖剑术。在九月初九的早晨，他把乡亲们领到了一座高山上，分给每人一片茱萸叶，一盅菊花酒用以避邪。中午时分，闻到阵阵茱萸奇香和菊花酒气的瘟魔，再也动弹不得，恒景将其刺死于剑下。从此，九月初九登高避疫的风俗，年复一年地流传下来。民间在这一天有登高的习俗，所以重阳节又叫"登高节"。

"高"和"糕"谐音，最早是庆祝秋粮丰收的用意，之后民间才有了登高吃糕，步步登高的吉祥之意。重阳节这天，古来又称菊花节，九月初九，正是菊黄蟹肥时。古人还有插茱萸、赏秋、赏菊、踏秋的习俗，所以古人留下了大量描写重阳节习俗的诗句：如"遥知兄弟登高处，遍插茱萸少一人""待到重阳日，还来就菊花""佳节又重阳？玉枕纱橱，半夜凉初透"。这一天，人们饮酒赏菊登高望远，思念亲人，免灾避祸。那种远客思乡之情，深切感人。南宋女词人李清照在重阳节时思念亲人，写下了"东篱把酒黄昏后，有暗香盈袖，莫道不消魂，帘卷西风，人比黄花瘦"的忧愁。

"飞火流霞迎盛世，欢歌笑语贺华章"。我国历来以"礼仪之邦"著称于世，中华传统美德源远流长，其中尊老、敬老，犹如一泓清泉，流淌在我国漫长的历史长河中。曾有过这么一句话：童年是一幅画，少年是一个梦，青年是一首诗，中年是一篇散文，老年是一部哲学书。老同志具备了生活的厚度、生命的阅历、知识的广度、智慧的深度，他们是国家的财富，是生活的指南，是人生的宝典。今天，他们虽然离开了工作岗位，但依然"老骥伏枥，志在千里"，用长期积累起来的丰富知识和宝贵经验，通过各种方式继续为社会服务，为国家的改革、发展、稳定和腾飞谱写了新的篇章。"吃水不忘挖井人"，对于他们为国家的发展建立的历史功绩，我们永远不能忘记，也不应该忘记。他们为了党和人民的事业艰苦奋斗的献身精神，他们表现出的优秀品格和优良作风，丰富的知识和工作经验，崇高的威望和广泛的影响，仍然在我们的工作中起着重要的作用，是我们取之不尽，用之不竭的精神财富。所以今天的重阳节，又被赋予了新时代的新内涵。

"花无重开日，人无再少年"。其实，我国把重阳节这一天又定为"老人节"的目的，就是要弘扬中华民族"尊老、爱老和养老"这三个优秀文化的传统美德，也是传统美德中的"敬老尊贤"的具体表现，将传统与现代巧妙地结合起来，让社会上形成和洋溢一种尊老、敬老和爱老的气氛，倡导全社会树立尊老、敬老、爱老、助老的优良风气。古往今来，我们有许多敬老爱老的故事：古有木兰代父从军、黄香扇枕温席的佳话，今有陈毅探母等感人肺腑的故事，我们要传承这一宝贵精神财富。尊爱老人，首先从尊重自家的老人做起。

我们可以带老人去秋游赏景，或登山健体，或到郊外散散心，或去敬老院帮助老人做事……老人更需要关爱，一句真心的问候，一次温暖的行动，就能给老人们增添一份天伦之乐，一件微不足道的小事，也可能成为他们永久回味的幸福。

孟子说过，老吾老以及人之老。我们不仅要关心家中的老人，还要关心社会上的老人，今天的幸福道路由老一辈人的辛勤探索与勤劳铺就，今天的幸福生活有着老一辈人的艰辛努力与无私奉献。当下的中国已经步入老龄化社会，进一步倡导敬老、爱老应成为社会的共同责任。敬老的家庭是和谐的家庭，敬老的社会是发展的社会，敬老的学校是进步的学校，敬老的学生才是文明的学生。尊重老人，就是尊重中华民族的光荣传统，也是尊重我们自己。总有一天我们也都会变老，敬老爱老，我们义不容辞。

"莫道桑榆晚，为霞尚满天"，九九艳阳大地明，余热生辉耀九重。"采菊东篱下，悠然见南山"。漫步人生夕阳红，最美莫过夕阳红！在这天高云淡的时节，让我们戮力同心，以丰硕的工作成果，来回报关注、关心我们的老同志。让他们放心、开心。让我们共同祝愿天下所有的老人以及我们挚爱的亲人幸福、安康！

# 记者节

## 讴歌新时代　讲好新故事

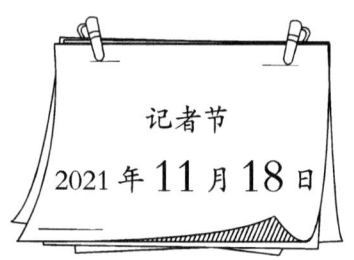
记者节
2021年11月18日

"铁肩荷责，妙手华章；文明天使，无冕之王"。11月8日是中国第22个记者节。

中国记者节与教师节、护士节、医师节、农民丰收节，是我国五个行业性节日。新中国成立以来，中华全国新闻工作者协会（中国记协）在团结广大新闻工作者，推动我国新闻事业的发展，以及在开展国际友好往来等方面取得了显著成绩，在国内外产生很大的影响。2000年8月1日，在党中央的关心下，国务院正式批复中国记协《关于确定"记者节"具体日期的请示》，同意将中国记协成立日，即11月8日作为每年中国记者节，这充分体现了党和国家对新闻事业的高度重视与亲切关怀，也体现了社会各界对新闻职业的充分尊重与深切期待。

近年来，广大新闻工作者深入学习有效贯彻习近平同志关于宣传思想工作的重要思想和新闻舆论工作重要论述，不忘初心、担当使命，心系发展全局，把握正确导向，紧紧围绕庆祝新中国成立70周年与建党100周年主题主线，讴歌伟大时代，讲好中国故事，用一篇篇鲜活的报道、一幅幅生动的图片、一个个感人的镜头、一则则感人的故事，完美诠释了创新新闻舆论的新时代价值，真实记录了我国激情澎湃、激扬创造的发展进程，生动展现了全国人民奋发向上、斗志昂扬的精神风貌，充分展示了新时代中国特色社会主义现代化建设的伟大成就，唱响了"辉煌壮丽70年""百年征程再出发"的主旋律，为我国经济社会实现跨越式高质量发展营造了良好的舆论氛围。

## 一、坚定政治立场，把牢舆论导向

新闻宣传是一项全局性、系统性的工作。导向是新闻宣传的灵魂，广大新闻工作者牢固树立"四个意识"，切实增强"四个自信"，坚决做到"两个维护"，牢固树立责任意识、阵地意识、创新意识、奉献意识，始终坚持正确的政治方向、舆论导向、新闻志向和工作取向，时刻保持清醒头脑，大事面前不糊涂，敏感问题不含糊，原则问题不麻木，关键时刻不动摇，用正确的声音引导社会舆论，确保任何时候、任何情况下的舆论导向，都牢牢掌握在党委和政府的手中，确保新闻宣传工作始终沿着正确方向健康发展，不给任何错误思想、不良舆论、丑恶现象留有任何空间。在新闻职业道德建设上，引导新闻工作者遵守职业精神、恪守职业道德，推动媒体强化社会担当意识、自觉履行社会责任，始终坚持团结稳定鼓劲、正面宣传为主的方针，真正做到守土有责、守土担责、守土尽责。

## 二、聚焦中心大局，勇于担当作为

新闻工作影响广泛，事关全局。要紧紧围绕党和国家工作大局，以及中央有关经济社会发展的重大部署，高举旗帜，坚定信念，始终把围绕中心、服务大局作为第一职责，把营造氛围、推动发展作为第一要务，创造性地做好新闻宣传工作，推出富有建设性、感染力、接地气的新闻报道，讲好中国故事，传播中国声音。要牢固树立新闻宣传也是生产力的观念，充分发挥新闻宣传的独特优势，创新宣传手段、丰富宣传内容，广泛宣传各级各界在经济社会中的新创举、新探索、新成果、新业绩，大力宣传各领域创业、创新、创造、创富的模范人物和先进事迹，深入挖掘典型，广泛宣传典型，为加快发展鼓劲加油，为推动跨越汇聚能量。要大力推进新闻外宣、文化外宣、产业外宣、典型外宣，以及发展成果的外宣，整合采编资源，打造宣传品牌。

## 三、承担社会责任，树好优良形象

"情系苍生，诱引山川峥嵘；爱连地气，催绽原野芳芬"。新时代的新闻工作者，是新时代的智者、高手和精英，是群众眼中的"无冕之王"，要积极主动地承担社会责任，履行社会义务，促进社会和谐，对党和人民负责。为社会服务、为大众服务，是新闻媒体的生命线；要坚持以社会主义核心价值体系引领社会思潮，大力开展"中国梦"等系列主题宣传，广泛动员引导人们参与其中；要加强道德模范、先进人物的典型宣传，大力倡导艰苦奋斗、健康向上的社会风尚，以文明、健康、积极、向上的价值导向，引导干部群众见贤思齐、崇德向善；要充分发挥媒体的监督作用，对损害群众利益、扰乱社会秩序的现象，理直气壮地予以纠正；针对群众的意见和诉求，要积极做好疏导情绪，化解矛盾的工作，全力保障社会稳定、大局和谐。

作为新时代的新闻工作者，不仅仅是一种称谓，更是一种责任、一种荣誉、一种象征。要强化新闻工作责任感，严守"三贴近"原则。只有贴近实际，才能贴近中心，贴近大局；只有贴近生活，才能解决生活难题；只有贴近群众，才能充分体现群众意愿。广大新闻工作者要牢固树立马克思主义的新闻观，筑牢职业道德防线，坚决杜绝虚假新闻等不良现象，切实做到防微杜渐。要恪守职业道德，遵守新闻纪律，坚持真理，忠于事实，勤勉敬业，甘于奉献，以实际行动和优异业绩，努力塑造务实、阳光、奋进、奉献的职业形象。

### 四、增强新闻"四力"，练就过硬本领

"陵谷常迁，笔落时代印记；沧桑几度，膺服独立精神"。广大新闻工作者要永保争创一流的精神状态，坚定信念、志存高远、与时俱进、心系人民、情牵中华，积极践行习近平同志的要求，发扬"干一行、爱一行、专一行、精一行"的新闻宣传优良传统，在练好脚力、眼力、脑力、笔力"四力"上下功夫，持续增强新闻"四力"；要能够吃苦，甘于奉献，勤勉不息，笔耕不辍，深入开展"走基层、转作风、改文风"实践活动，上看"天气"，下接"地气"，把镜头聚焦在发展上，把笔尖对准在民生上，把声音汇聚在和谐社会的新风正气上，不断推出一批"冒着热气""带着露珠""透着温度"，符合发展要求、群众喜闻乐见、经得起实践检验的好新闻、好作品，努力提升新闻宣传的说服力、吸引力和亲和力，敢于发声、勇于发声、善于发声，唱响主旋律、凝聚正能量，建立一支党和人民信赖的新闻工作者队伍，为推动经济社会高质量发展增光添彩。

### 五、坚持改革创新，加快媒体融合

"弘继往圣绝学，甘为生民立命"。当前，传统媒体的受众规模不断缩小，

新兴媒体话题设置、影响舆论的能力日渐增强，新闻舆论战线要紧跟时代步伐，积极探索创新，推动传统媒体和新兴媒体融合发展，从相"加"迈向相"融"，增强新闻舆论传播力和影响力，探索一条服务意识加速彰显、技术手段不断升级、媒体内涵持续拓展的各级媒体融合发展的改革创新之路，努力构建主流舆论格局和全媒体传播体系，不断提升新闻舆论工作的传播力、引导力、影响力、公信力。要善待媒体、善用媒体、善管媒体，齐心协力、齐抓共管，用改革的成果引导舆论，把加快发展和舆论引导结合起来，为实施创新驱动发展战略、推动高质量发展提供强有力的舆论支撑，为建设富强、民主、文明、美丽、和谐的社会主义现代化强国，谱写新时代舆论新篇章。

"鼓唱时代强音，丰富日常精彩。"新时代的新闻宣传工作者，要坚守党性原则，站稳政治立场，坚定不移贯彻落实习近平同志关于新闻舆论工作的重要论述，紧紧围绕党和国家工作大局，创造性地做好新闻宣传工作，唱响主流文化，传承红色基因，坚持人民情怀，与人民同呼吸，与时代同进步，努力推出有思想、有温度、有品质、有能量的作品，不辜负党和人民的重托，为谱写新时代追赶超越新篇章做出新的更大贡献！

# 国家公祭日

**永记民族之殇　共圆复兴之梦**

"五洲同怀民族情，四海共祭家国魂"。今天是12月13日，是第8个国家公祭日，也是南京大屠杀死难同胞84周年祭，是我们国家和民族永恒的国殇，更是每一个中国人都应该铭记的一天。在这个难以忘却的日子里，让我们深切哀悼南京大屠杀死难者和所有在日本帝国主义侵华战争期间惨遭杀戮的死难同胞，让这段不屈抗争的历史，成为中华民族的集体记忆，成为捍卫和平的强大意志，成为实现中华民族伟大复兴的力量之源。让我们永远铭记这段历史，勿忘国殇，勇于挑战，强我中华！

"难忘金陵喋血，六朝烟雨同悲"。硝烟虽已远去，国耻不能忘怀。2014年2月27日，第十二届全国人大常委会第七次会议经表决通过决定，将9月3日确定为中国人民抗日战争胜利纪念日，将每年的12月13日，设立为南京大屠杀死难者国家公祭日。国家公祭日祭奠的不仅是南京大屠杀死难者，还有化学武器死难者、细菌战死难者、劳工死难者、慰安妇死难者、三光作战死难者、无差别轰炸死难者七类遇难对象。设立国家公祭日，就是要揭露日本侵略者的战争罪行，牢记侵略战争给中国人民和世界人民造成的深重灾难，表明中国人民反对侵略战争、捍卫人类尊严、维护世界和平的坚定立场；设立国家公祭日，就是要促使人类历史记忆，长久保持唤醒状态，共同以史为鉴、开创未来，一起维护世界和平及正义良知，促进共同发展和时代进步。自设立国家公祭日以来，越来越多的民众到"哭墙"献花，在"万人坑"遗址边默哀；越来越多的网友刷新着微博和朋友圈，开展网络祭奠。对遇难同胞的深切缅怀，对那段灾难历史的深刻反思，正内化为中国人民传承家国情怀的自觉追求，成为中华民族伟大复兴的不竭动力。

"痛定思痛，痛何如哉！"今天，我们缅怀南京大屠杀的无辜死难者，缅怀所有惨遭日本侵略者杀戮的死难同胞，缅怀为中国人民抗日战争胜利献出生命的革命先烈和民族英雄，表达中国人民坚定不移走和平发展道路的崇高愿望，宣示中国人民牢记历史、珍爱和平、开创未来的坚定立场。

"钟山垂泪，秦淮泣血！"1937年7月7日，日本侵略者悍然发动了全面侵华战争，给中国人民带来了前所未有的巨大灾难。1937年12月13日，侵华日军在中国南京开始实施长达四十多天惨绝人寰的大屠杀，这是第二次世界大战史上"三大惨案"之一，是骇人听闻的反人类罪行，是人类历史上最黑暗的一页。这一公然违反国际法、日内瓦公约的残暴行径，铁证如山，经远东国际军事法庭和南京审判战犯军事法庭的审判，早有历史结论和法律定论，一批手上沾满中国人民鲜血的日本战犯，受到了法律和正义的审判与严惩。

"四万万人齐蹈厉，同心同德一戎衣。"中国人民和中华民族历来具有不畏强暴、敢于压倒一切敌人而不被敌人所压倒的英雄气概。面对极其野蛮、极其残暴的日本侵略者，具有伟大爱国主义精神的中国人民没有屈服，而是凝聚了同侵略者血战到底的空前斗志，坚定了抗日救国的必胜信念，在中国共产党号召和引领下，中华儿女同仇敌忾，前仆后继，共御外敌。经过8年艰苦卓绝的浴血奋战，中国人民赢得了抗日战争的伟大胜利，也为世界反法西斯战争胜利做出了重大贡献，彻底洗刷了近代以后中国屡遭外来侵略的民族耻辱，极大增强了中华民族的自信心和自豪感，也为中国人民在党的领导下开辟实现民族复兴的正确道路创造了重要条件。

"昭昭前事，惕惕后人"，南京大屠杀惨案铁证如山、不容篡改。任何人要否认这一事实，历史不会答应，无辜亡灵不会答应，14亿中国人民不会答应，世界上一切爱好和平与正义的人民都不会答应。公祭南京大屠杀死难同胞，为的是守护不能忘却的记忆，捍卫不容否认的真相。忘记历史就意味着背叛，否认罪责就意味着重犯。公祭南京大屠杀死难同胞，是要唤起每一个善良的人们对和平的向往和坚守，而不是要延续仇恨。中日两国人民应该以史为鉴、面向未来，共同为人类和平做出贡献。

"疑今者，察之古；不知来者，视之往。"今天，每一位中华民族的同胞，为和平祈愿，让冤魂能够安眠，把屠刀化铸警钟，把逝名刻作史鉴！这是为了守护历史的真相，这是为了守护更加繁荣昌盛的伟大祖国！铭记历史，珍爱和平，振兴中华，吾辈自强！战争不能忘记、和平必须珍视、自强还应努力。唯有强军才能强国、唯有强国才能太平。国弱则民辱，国强则民荣。此时此刻，我们可以告慰遇难同胞、革命先烈的是：中国共产党团结带领各族人民，实现了从站起来到富起来、强起来的伟大飞跃，开启了中华民族不断走向伟大复兴的历史进军。今天的中国，已成为全球第二大经济体，中华民族巍然屹立于世界民族之林。今天的中国，是世界和平的坚决倡导者和有力捍卫者，中国人民愿同各国人民真诚团结起来，为建设一个持久和平、共同繁荣的世界而携手努力。

"千年铁血所凝，问国耻未消，有谁敢忘？三十万亡灵且待，看长风更起，催我出征"。永记民族之殇，共圆复兴之梦，当前，我们正处在"两个一百年"的关键历史节点上，全面小康，已如期实现；民族复兴，从未如此接近。我们一定要更加紧密地团结在以习近平同志为核心的党中央周围，深入贯彻落实党的十九届六中全会精神，弘扬伟大的爱国主义精神，弘扬伟大的抗战精神，牢记历史，铭记责任，不忘初心，继续前进，把满腔爱国之情化为勤奋学习、激情工作的强大动力，为实现中华民族伟大复兴的中国梦贡献力量，谱写中华壮美诗篇！

# "北实佳节"

# 春季开学节

## 铸创卓越品牌　彰显历史担当

春季开学节
2022年3月

"东风夜放花千树，万紫千红总是春"，值此北京冬奥会上中国冰雪健儿捷报频传之时，正当全国两会、冬残奥会即将召开之际，春天迈着轻盈的步伐，微笑着向我们走来，给我们送来一个又一个希望，这是大地对春天的礼赞，这是人们对春天的期盼。在这生机勃勃、阳光明媚的春天，我们又迎来了充满希望的新学期。

2022年是北京冬奥之年，是党的"二十大"召开之年，也是实施"十四五"规划承上启下的重要一年，更是推进全面创建"北实"魅力教育集团卓越品牌新征程的关键之年，我们要以高水平党建为引领，以办人民满意教育为主线，不断创新魅力教育综合改革新成果。

**一、强化纪律安全意识，推进心理健康教育**

德国哲学家黑格尔说"秩序是自由的第一条件"，俄国著名军事家苏沃洛夫也掷地有声地说过："纪律是胜利之母"。希望同学们严格遵守新时代《中小学生守则》《中学生日常行为规范》，遵守校纪校规，锤炼品质，砥砺意志，自尊自爱，自强自立。同时，学校统筹推进疫情防控和教育发展，全体师生牢固树立"安全第一"和"健康第一"思想，坚持稳字当头，按照市、区新冠肺炎疫情防控工作领导小组要求，完善疫情防控工作体系，周密设计每一个环节的疫情防控措施，强化疫情防控演练。完善健全规范管理体系，开展校园欺凌防治，确保校园安全稳定环境；要加大健康教育力度，珍爱生命，牢记安全。学习很重要、平安更重要。成功依赖健康，成事始于安全。时刻牢记安全，事事注意安全，做一个文明守纪、身心健康、热爱集体、团结友爱、全面发展的新时代魅力中学生。

**二、创新自主项目管理，发挥示范引领效应**

各学部、各年级要明确学生自主管理目标：即自主学习，自主生活，行为自律，人格自尊。各班要进一步科学推进班级项目制管理改革，分责设岗，人人有岗，自主上岗，做到人人有事管，事事有人管，事事管得好，培育服务精神，激发内在潜能、激活内生动力，激励全面成长；各班要创新推进班级项目制的过程管理，要全面指导学生的日常管理工作，做好教导、引导、训导和指导工作，要加强对学生自主管理工作的检查、指导力度，实现良性循环。开展年级之间、班级之间以学风、班风、常规落实、业务素养提高、遵章守纪为主要竞赛内容的友谊比赛活动，不断地发现魅力典型，推广魅力管理经验，使班级学生自主管理扎实、有序、高效推进，促进学校魅力班级班风学风的健康发展。探索魅力学生自我评价途径，开展各项魅力活动，实现学生自我创新发展的目的。

**三、勤勉学习砥砺致远，感恩书写魅力传奇**

感恩是人类最美好的品德，胸怀感恩，星汉灿烂。感恩父母，感恩老师，感恩社会！发奋读书，这是感恩父母；学好功课，这是感恩老师；遵纪守法，这是感恩社会。人生有感恩，时时有快乐，处处有幸福，让我们每天满怀感恩之心，努力学习，感恩工作，快乐生活，不断书写魅力传奇。

"一日之计在于晨，一年之计在于春，一生之计在于勤"，只有春天的耕耘，才有秋天的丰稔。让我们携起手来，不忘初心，不负韶华，牢记使命，播下希望的种子，洒下辛勤的汗水，收获丰硕的果实。希望全体同学鼓足气，铆足劲，珍惜每一分钟，认真听好每一节课，认真完成每一次作业，认真对待每一次检测，做到好学、会学、善学、乐学，坚持勤勉致知，做到砥砺致远。愿全体教师爱岗、爱生、精业，不断优化"三个课堂"，加快"互联网+基础教育"的应用，高质量开展课后服务工作；深化"大思政课"综合改革，精心开展"请党放心，强国有我"主题教育活动，创新开展贯穿全年、覆盖全员的"十个一"系列活动，全面提高校内教育质量，为魅力"北实"争取更大的荣光，为实现"北实梦"作出更大贡献。

"最是一年春好处，无边光景日日新"。我们要认真学习贯彻市、区基础教育工作会会议精神，进一步提高政治判断力、政治领悟力、政治执行力，从政治上看教育，从民生上抓教育，从规律上办教育，充分发挥市区"十四五"教育改革规划以及"北实"第三个五年发展战略规划的目标引领作用，深耕魅力教育综合改革试验田，以深化落实"双新""双减"工作为抓手，充分展现新时代"北实人"昂扬向上的精神风貌，持续书写魅力教育新传奇，共同铸创魅力教育普适卓越新品牌，以更加优异成绩迎接党的"二十大"胜利召开！

# 新时代的校长要提升"十力"

春季开学节
2022年3月

校长是学校的领导者、教育思想的传播者、教育规律的探索者、教育教学活动的组织者、教育文化的引领者，只有具备胸怀全局的领导能力、先进独特的教育思想，强大的教育研究能力、完美健全的人格，坚定正确的办学方向，保持勤勉刻苦、拼搏奉献的精神，务真求实、激情欣赏的作风，等等，才能担起历史发展的重任，满足时代发展的要求，办好人民满意的学校。

## 一、修炼语言表达力

自古以来，表达是人们传播思想、抒发情感、传达指令、推进执行不可或缺的重要工具。表达能力是校长魅力不可或缺的重要组成部分。表达是思想的翅膀。活泼、成熟的表达与灵动的"思维"、坚守的"创造"以及言说者的精神风貌和其文化品格密切相关，根本在于其教育思想、文化内涵的根深叶茂，博大精深。

卓越的表达力能凝练办学理念、感染团队成员、展示领导风范。卓越的表达能力可以深度感染和激励团队成员积极探索和改革，践行教育理念与思想，实现教育目标和理想。表达应该有鲜明的教育特点和文化水准。表达应该高远而不失真实。仰望星空之浩瀚还要足踏大地之坚实，望宏阔之山水还需要珍惜溪流之涓涓和抔土之细细。表达应该优美而不失质朴。古人云"言之无文，行而不远"。文化表达，既富有诗性之美，又兼具理性之美。表达应该凝练而不失澄明。丰富的思想结晶为简明扼要的语言，短小精悍，却又明白晓畅。

修炼语言的表达艺术。教育思想的厚重是核心。任何一种形式的表达都是生命个体情感和思想的外显。优秀的表达一定是源自优秀的思想。只有根深叶茂，才能博大精深。教育人格的完善是关键。学生们所尊崇的一定是那些"知行合一"的教师，一定是有人格魅力的教师。教育实践的驾驭是基础。优秀的表达一定源自优秀的教育实践。经过教育实践的艰苦历练，才有最为真切、深切的教育感悟和教育思绪，才有接地气的教育理念和教育表达。

## 二、永远保持旺盛学习力

校长学习力是指校长在获取知识、提升自我的过程中，学会学习并形成自己的独特见解，进而不断运用自身所学知识潜心研究、创新实践、解决真实问题，发展学校的治校能力。校长的学习力不但影响着自身专业的成长，还关系到所在学校的学习型组织建设；不但决定着校长个人的事业成败，还直接关系到学校未来的发展。因此，一位好校长，一定要不断修炼自己的学习力，以带领学校在应对未来挑战的过程中不断创新，获得更优质的发展，真正成就好每一位教师、培育好每一名学生。

校长要做一个博览群书的人。首要在于阅读，包括通识阅读和专业阅读。文学艺术、社会科学、哲学历史等都应该广泛涉猎，要善于跨界阅读，积淀自己的内涵，丰厚自己的精神，做一个真正的读书人。校长更需要专业阅读，教育学、心理学、管理学等，从经典名著到前沿理论，从宏观、中观到微观，从理论文献到实践言论，持续不断的专业阅读才可以使校长既能够理解教育的本质规律，又能够把握教育发展的脉搏，成为一个专业的教育人。校长还可以通过进修培训、学术会议"阅读"专家学者，在与教育理论研究者的对话中，改善思维品质，提升理论素养，丰厚精神内涵。

校长应善于向实践学习。他校的经验、别人的做法，中国的学校、世界的教育，都给我们提供了丰富的学习样本。校长要真正向一线教师和学生学习。事实上，教师是教育教学的实践者，是距离学生最近的人，教师对教育的理解最直接、最鲜活、最生动，他们的思考、他们的故事都可以成为校长学习的内容和途径。学生是教育的终极目的，观察他们、理解他们、研究他们、发现他们，学习他们，才会让我们走进真实的学生世界，真正的教育才可能由此发生，教育的意义也才真实体现。

校长之学，最关键的是学以致用。德鲁克说过："管理者的一项具体任务就是要把今天的资源投入到创造未来中去。"事实上，从"学"到"习"的过程隐含了一种从理论到实践的过程。经由"学"到"习"真正改进教育实践，从而促进学校的内涵发展，同时通过实践、试验，校长还能不断寻找到之后需要进一步"学"的方向和领域。这样螺旋上升的学习路径，才能不断提升校长个人素养，改善办学实践行为，持续改进与发展学校。

校长应该以个人学习为手段，领导提升学校的组织学习力。"学习力"之"力"，首先是指校长个人的学习能力，管理者的自我发展是组织发展的关键所在。校长应"学而时习之"，端正学习目的以形成正确的学习动机，坚定改善自身以强化持续学习的毅力，依据科学方法以获得知识、实践探究，不断修炼、提升自己的学习能力。"学习力"之"力"，还应包括校长组织学习的领导力。彼得·圣吉认为，不要把成功只放在个人身上，更要关注整个组织的状态。组织中每个人都保持个人的激情，组织也会保持激情，个人成长，组织也会成长。也就是说，校长应该以个人学习为手段，领导提升学校的组织学习力。校长要以自己的个人学习来引领和带动学校每一位成员的学习；然后开展团队学习，使学校成员间相互学习，充分发挥团队的精神与力量，提升团队的学习力；继而以心灵转变、改善心智模式为中心，运用系统思考的路径与方法建设共同愿景，培育学校文化，真正提升组织学习力。

### 三、凸显其可见性领导力

校长是学校的公众性人物，需要凸显其"可见性"领导力。"看见"是一种力量，"可见性"是一种重要的校长领导力。要让"可见性"成为一种推动学校发展的精神力量。

校长"不可见"的多重表现及其原因。隐而不现：物理的不可见。所谓物理的不可见，就是见不着人。这包括"在外不见人"和"在校不见人"两种情况。见而无痕：心理的不可见。是指校长虽物理可见，但缺乏与学校成员真诚的互动。这导致学校成员不了解校长的观念与主张，校长也不能很好地了解学校成员的想法与工作。言而不动：行动的不可见。"言而不动"是指校长不能很好地践行自己向学校成员所传递的学校愿景和承诺。他们的可见性停留在口头上，是一种"失真的"可见。

校长"可见性"的多维意涵及其作用。曝光度、互动度与行动度：校长"可见性"的三维意涵。曝光度即校长在现实或虚拟情境中出现在学校成员面前以承担校长职责的程度。校长可以真实地出现，也可以通过网络等信息媒介实现一种"虚拟的"媒介化可见。"互动度"是指校长与学校成员进行交流并就某一事务达成一致意见的程度。例如：关于学校愿景，校长积极地与学校成员沟通，倾听和采纳大家的不同观点，不武断、专制地决定学校的发展规划。"行动度"是校长愿意带领学校发展的程度，这是"可见性"真正落地发挥作用的关键维度。如校长的行为能够契合他的话语和信念，持续、一致地兑现自己对整个学校的承诺。

校长"可见性"的垂范作用。"可见性"是一种领导力。它呼唤一种校长"其身正"的垂范型领导。校长"可见性"能够影响教师情感，包括教师对校长的信任和教师士气。校长"可见性"与学生学习成绩相关，校长的可见能成为孩子的精神力量，助力孩子成长。可见性提升校长的权威，更好地推动学校发展。

内外兼修，提升校长的"可见性"领导力。校长一要明确自身使命，担当起校长的历史责任；二要提升教育教学领导能力，要加强教育教学的专业研究，努力成长为教育教学的专家；三要与学校成员保持高质量互动，读懂教师，读懂家长，读懂学生，办高质量的学校，提供高质量的教育。

## 四、科学思考提升治理力

党的十九届四中全会以来，学校治理体系和治理能力现代化日益受到重视。学校"管理"正在走向学校"治理"，学校领导与管理方式将发生转型，提升校长治理领导力显得非常迫切。要高度重视学校与家庭、社会各方关系，通过机制创新、治理改革，以开放、主动、创新、包容的心态与姿态，诚信与自信，勇于并善于为学校发展赢得良好的外部生态，为学校改革发展提供强大的辅助动力。

作为一校之长，首先要明确学校"治理"主要依靠多元主体的共同治理，通过合作、协商、伙伴关系等方式来管理学校事务。校长治理领导力的本质是调适多元主体关系，凝聚力量，共同推动学校改革发展。其次，要对学校组织结构按多元治理主体分类与作用进行重新架构，制定运行机制，明确每一个治理主体的职能，并以完善科学的制度体系确保多元主体的职能得到充分发挥，形成学校发展合力。

把握本质规律，提高系统治理能力。坚持立足长远、把握规律。坚持系统思维、协同推进。善用法治思维，提高依法治校能力。要真正实现依法治校、依规治教。

多措并举、多管齐下，提高综合治理能力。运用大数据、云计算、区块链、人工智能等前沿技术提升现代学校治理能力。教师是学校治理的主体，要尊重教师主体地位，更加有效组织以教师为中心的发展思想，着力回应教师的关切，使全体教师有更多、更直接、更实在的获得感、幸福感、安全感。

常观大势、常思大局，提高源头治理能力。在治理的具体实践中，有些时候我们是等某个环节出了问题之后再去补救，采取事后处置的方式，也就是说常常是用吸取教训的方式来改进工作，而不是用借鉴和总结经验的方式来加强和改进某个方面的工作，这使得我们的治理工作出现了一定程度的被动。提高源头治理能力，其实就是把治理工作的重心从事后转向事前，使治理工作的关口前移，既牢牢防控风险之源，又解决根本问题。加强源头治理，就要强化风险意识，常观大势、常思大局，科学预见形势发展走势和隐藏其中的风险挑战，做到未雨绸缪。要提高风险化解能力，透过复杂现象把握本质，抓住要害、找准原因，果断决策，善于引导群众、组织群众，善于整合各方力量、科学排兵布阵，有效予以处理。要完善风险防控机制，建立健全风险研判机制、决策风险评估机制、风险防控协同机制、风险防控责任机制，主动加强协调配合，坚持一级抓一级、层层抓落实。

相互尊重、和谐相处，不断提升领导调适力。校长应是一位治理者，是学校的支配者，调适力是其领导力的重要组成部分。校长要具有优化内部管理和学校人事管理等专业能力。能调适外部环境，加强学校与学生家庭、社区的合作；能调适学校班子成员、中层管理者、教研组长、备课组长、班主任、任课教师、家长、社会力量等各种要素；能明确各自在学校发展中的定位、职责、权利、义务；能使各种要素遵规律、循制度，有序高效运行。这种调适力，需要校长的道德品质、行为修养、专业素养和人格魅力等特质作为支撑。

登高望远、科学策划，提升学校战略规划力。校长是学校生存发展的谋划者、设计者和决策者，其战略制定能力和长远规划能力直接决定着学校特色和长远发展。中小学校长特别关注也较为擅长日常行政管理和课程教学管理，但在学校办学定位、发展目标、组织建构、队伍建设、学校文化等顶层设计上往往缺乏战略性规划，导致整个学校工作缺乏系统性、连贯性和可持续性。

强数字素养、重智慧教育，提升信息领导力。学校信息化建设领导力。大数据、人工智能等信息技术对教育变革、学校转型的影响正不断加大，积极探索基于互联网的智慧教育，推进信息技术与学科教学深度融合，助推学校在新一轮变革中成为优质学校，是校长在新时代不可或缺的一种领导力，我们称之为"校长的学校信息化建设领导力"。

**五、德才兼备提升影响力**

校长应是一位教育者，是教师中的杰出者，影响力是其领导力最重要组成部分。校长应是教育的行家里手，能规划学校发展，建立共同发展愿景；能营造育人文化，注重德育、公平与文化响应；能领导课程教学与评价，不断推进教与学方式的变革；能引领教师成长，形成师生共同体，建立学习型组织。

影响力是校长一切工作的根基。多才多艺需要博学，而博学是学识厚重的桥梁，是思维创新的基础，更是成为优秀校长的前提。多才多艺还需要实力：教学优质高效，行文言简意赅，举止得体高雅，使人敬佩三分、刮目相看。

胸怀全局的驾驭能力。校长是学校的管理者、决策者，是教育政策、教育规律的践行者。校长的管理水平、执行政策的能力、管人用人的方略，决定着学校的兴衰和命运。做人做到一定的境界，做事做到一定的水准，才能从一名教师成长为一名校长。校长要用自己的人格魅力去影响人，要用宽阔的胸怀、非凡的气质去感召人。校长必须具有驾驭全局的能力，不仅包括专业能力，更重要的是驾驭专业和专业人员的能力。

要有坚定正确的办学方向。正确的办学方向来源于校长高度的政治敏锐性，表现出对上级决议不折不扣的执行力。一个校长政治敏锐性的高低，决定着他对教育政策理解水平的高低，决定着教育改革的方向和成败，决定着对各级教育行政工作任务落实的好坏。

要有勤勉刻苦的务实作风。校长要勤政，就必须做到"勤思考、勤观察、勤研究、勤总结"，还要做到"腿勤、眼勤、口勤、手勤"。比如，在教师队伍建设上，要结合本校实际和教师现状制定切实可行的培训计划，这样才会更具针对性，不会张冠李戴。要经常深入教学一线听课、评课、检查指导，经常深入学生群体调查了解学生的学习情况、生活困难问题。要及时总结每一项活动、每一项工作的成绩与失误，这样才能不断进取，不断发展。校长要务实，实实在在做事。

要有廉洁奉公的自律思想。校长要严格要求自己，严格遵守财务制度，处事讲规律、办事讲原则，善于听取群众的意见和建议，发扬班子集体的智慧和力量，决不能搞家长制、一言堂。校长要做好表率，端正自心。《论语》中说："其身正，不令而行，其身不正，虽令不从"。

要有敢于担当的责任意识。校长要处事果断、知人善用、知错就改。改过从善是人生道路的一座金桥。作为校长，我们一定要善于听取反面的意见，知错就改，这样就一定会成为一名教师拥护、学生尊敬的人。

**六、面向未来提升成长力**

带出一支优秀的干部、教师队伍，是校长的重要历史使命。作为校长要努力提升干部、教师的成长力。只有不断优质成长的教育者才能适应教育的未来！

要提升干部成长领导力。要根据德、能、勤、绩的全面考察，确立好选人用人标准。要加强党组织的系统培养，要科学谋划干部培养的五年计划。要激活个体自身发展禀赋，激励干部健康快速成长。要创建学校干部成长的优秀文化，通过多岗位历练、立体式发展，提高综合素养，以适应教育未来发展的需求。

要提升教师成长领导力。教师是学校改革发展最宝贵的人力资源，校长则是教师发展的引领者和第一责任人。作为一校之长，首先要让教师认识到，自身成长不仅是个人的事情，还是学生、同事、学校发展乃至国家、民族、人类发展的事情。认识到位，行为、效果才有可能到位。

校长要做干部与教师学习、研究的引领者。要不断提升学习研究的领导力，以实际行动和亲身参与引领教师加强学习，不断激发教师干部积极进行课程开发、教学改进、优化管理的热情，使学校每一位成员都成为学校发展的宝贵资源。

校长要从教师职业特点与专业发展规律出发，在加强常规管理的基础上，不断完善队伍激励机制，不断激发队伍主动发展的内驱力。校长要在注重教师专业成长的基础上，更加注重教师综合素养的培养，不断丰富、完善教师成长的路径和平台，加强学习型组织建设，不断促进教师的学习，尤其是教师间的相互学习。

**七、专家引领提升教学力**

校长一定要成长为教育教学的专家。只有内行才能领导内行，提升教学领导力。课程与教学工作是学校最核心的业务工作，也应是校长最专业和最擅长的工作，应能充分体现校长的领导力。

作为一校之长，首先要加强课程教学基本理论、成功实践经验的经常性学习，真正成为课程教学的行家里手，教师教育教学中的杰出者；其次，要对学校课程进行面向未来的体系化构建，要从课程理念、学生培养目标、学生发展核心素养、课程结构、课程标准、课程开发、课程实施及课程评价等方面进行体系化构建，并形成学校课程体系建设方案；再次，要不断深化课堂教学改革，要从教学理念、教学目标、教学原则、教学内容、教学环境、课型、教学组织方式、课时制、教学流程、教学策略、教学方法、教学反思与评价等方面进行体系化构建，并形成学校课堂教学的"基本式"和各种"变式"；最后，要顺应社会发展的需要，在课程与教学上大胆改革和锐意创新，不断开发、开设面向未来、具有上位特色的校本课程，为学生提供多样化和个性化选择，充分利用现代信息技术不断改革"教"与"学"，满足学生个性化、差异化学习需要。

**八、率先垂范提升感召力**

校长应是一位领导者，是学校中的引领者、指导者，感召力是其领导力的前提与基础。专业标准指向校长应成为学校师生的引领者、指导者。校长作为学校改革发展的带头人,担负引领学校和师生发展的重任。校长唯有牢固树立终身学习的观念,率先做学习者、研究者、实践者、引领者,方能形成领导特质,发展领导智慧,凸显领导魅力,从而对全体师生形成强大的感召力。

陶行知先生说过:"身正为范"。校长在工作中要身先士卒,做到腿勤、手勤、嘴勤、脑勤,事事率先垂范,不计个人得失,严于律己,谦虚待人,从而以完美的人格形象赢得师生的崇敬,从而达到育人细无声的管理效果。

### 九、集思广益提升凝聚力

学校是教育的大集体,学校的教育也牵涉千家万户和社会各个方面。校长应注重培育好外部环境:校长要和当地政府和教育部门搞好关系,取得他们对学校工作的支持和帮助;校长还要着重营造好校内氛围:校长应和大家共同商讨学校近期发展和远景规划,提高他们的认识,取得他们的认可,营造群策群力、大力办教育的氛围。

集思广益提升凝聚力。人是发展的根本要素。人心齐、泰山移;独脚难行、孤掌难鸣;水涨船高、柴多火旺。只有凝心聚力,才能构筑起学校发展的磅礴伟力,促进学校优质快速发展。要聚人心。要树立共同的教育理念,追寻共同的教育理想,牵手走向未来。要聚人气。要为每一位教师搭建宽广的舞台,激励每一位教师去创造精彩。要创建聚力文化。要尊重每一位教师的人格,激活每一位教师的成长动力,让每一位教师事业有成,幸福生活。

### 十、赏识期待提升文化力

爱因斯坦有句名言:"世间最美好的东西,莫过于人的真情"。校长只有真情投入到工作中去,与教师风雨同舟、患难相恤,保持自己普通"教师"的角色形象,强化平等意识、服务意识,关注每位教师,体贴他们的疾苦,关心他们的生活,才能使每位教师获得十分愉悦的心理体验,引起情感共鸣,凝聚出奋发向上的情感力。

俗话说,没有规矩不成方圆,学校无规章制度就不可能激励教师的积极性,所以,校长要制定近期目标和长远计划,完善各项制度,并带头严格执行,做到制度面前人人平等、一视同仁,并奖罚分明,使每位教师心悦诚服。要给每一位教师搭建舞台,多一些包容,多一点期待,多一些鼓励,激活教师成长的内动能，激励自主发展、主动成长，让每一位有进取精神的教师得到激励，形成强有力的激励力。

赏识期待提升文化力。文化治校是学校发展的高级阶段，体现学校发展的底蕴和品质。校长是学校的灵魂，学校文化的形成与校长教育思想、理念、智慧完全正相关。学校文化在学校发展中的核心作用不言而喻。但受校长学校文化领导力不足的影响，部分中小学对学校文化理解存在偏差，没有构建起面向未来的学校文化体系。作为一校之长，首先要充分认识到学校文化是学校发展的根与魂，学校文化体系则是构建学校其他业务工作的基础，更是实现学校内涵发展、转型发展、特色发展的基础性工程；其次，要掌握学校文化体系建设的内涵、任务、途径与方法；再次，要从学校工作全局角度出发，以办学核心理念为中心，坚持传承优秀文化，创建适应未来发展的新文化，塑造一种有力量的文化场，促进师生幸福成长。

# 给教师成长的十条建议

教育是面向未来的事业，教育既关系到人类社会的今天，也决定着人类社会的未来。有好的教师才有好的教育，新时代的教师要做一个有理想、有追求的教师，与时俱进、终身学习，不断促进自身专业成长，不断锤炼育人本领、提升育人品质，真正担当起"为党育人、为国育才"的崇高使命，努力为教师事业做出自己应有的最大贡献。

## 一、自信工作，不要谈虎色变

提高信心，理性淡定工作。教育工作是极其复杂的工作，面对众多的生命个体，会遇到各式各样的教育难题，对教育工作者的教育能力、育人智慧提出了新的挑战。假如你工作中遇到的问题如狼似虎，那么就请你不要谈虎色变。一定管控好自身情绪，做到先稳定好自己，保持理性淡定，再处理事情。如果觉得自己底气不足，找不到好方法，应主动向同事或领导求助，一定不要因为面子问题或者种种担心同事、领导觉得你工作不力而隐藏掩饰，更不要单枪匹马、捋起袖子意气用事，这样往往事与愿违、背道而驰。有的老师性格比较内向，曾遇到的种种难点问题藏在心里一直沉甸甸的；走进班级看到一些问题孩子，心里就很纳闷，束手无措；有时候付出了艰辛努力，但还是没有应有的效果，内心有强烈的挫败感……这些情绪的积累，很容易在面对课堂的时候，还没有走进教室时就已经有了畏难情绪，说起班级问题孩子就谈虎色变。

管控情绪，有效解决问题。我们应该把教学中遇到的一些疑难杂症都一一写在纸上，罗列出来后，看着问题，深呼吸，不断激励自己：看，这么多困难，也没有把我打倒，我还是好好的。对待每一堂课，都可看作一个新的开始，保持自信，充满力量，用自身教育的激情去点燃孩子成长的力量，用对每一个孩子的真心呵护促孩子的全面成长。下班时把纸条带回家，对问题进行反思，写成长感悟，以及如何带着问题与同事研讨，向同事请教等，然后将纸条揉成一团，扔进垃圾桶，所有不良情绪清零，回到初心，一切重新开始，不断去创造新的未来。

**二、善始善终，不要虎头蛇尾**

有条不紊，善始善终。教师的工作不仅要投入大量的体能，而且需要不断地闪现智能，实现在教育中思考，在思考中研究、在研究中创新、在创新中发展，为每个孩子优质成长提供公平而有质量的教育。只有富有爱心、拥有激情、善于研究、注重创新、勇于奉献的人，才能担当起教师的重任。常有老师感慨，从早到晚，时间飞快，都不知道自己忙了些什么，一天就没了。青年教师更是如此，常有焦头烂额、手足无措的时候。所以有一些本来计划的事情，很可能因为时间统筹失去平衡而半途而废。想好的认真阅读某本专著，还没有读几页就搁置了；计划好的干部小型论坛找不到合适的时间召开；班级任课教师交流只进行了一次就无疾而终了……甚至抓孩子订正，都觉得实在没有时间。写教案做课件都要熬夜才能完成，参加一次比赛更是耗尽了洪荒之力。静下心来思考的时候，总觉得很是遗憾。自己做事虎头蛇尾，如何实现为人师表，率先示范。教师要学会管理自己，做好计划，我们每一个月重点完成一个计划。比如这个月就是尽量抽时间和孩子谈谈话。利用课间的时间，上下午各找一个孩子。下个月就抽空开一至二次小型家长会。再下个月就给几个问题孩子写封信等等。这样，让计划变成行动，因为一个月完成一个计划，而不是十指张开弹钢琴，让工作按部就班，有条不紊，不至于虎头蛇尾，工作盲从。

精心备课，让每堂课精彩。认真上好每一节课是教师的天职，课前准备是上好课的关键所在。教师要认真备好每一节课，同时听一节优秀老教师的课，再去自己班级上一节课。虽然要抽出时间去听课，但也只是45分钟，听课笔记和自己的备课笔记还能够合二为一，进行有效整合加工，比起自己吃不准重点地备课上课，或者还没有形成特色地备课上课效果反而好很多。再则要相信集体智慧是无穷的，要融进备课组、教研组团队里，多开展研讨交流，进行思维撞击，提升对课程的科学理解、巧妙处理的能力；提升教学流程的设计、课堂驾驭的能力；提升小组合作学习的引领力、参与力、评价力，备课更充分，课堂才会更精彩。

### 三、言行得当，避免骑虎难下

注意自身修炼，展现语言温情。新时代对孩子的要求越来越高，家长的希冀，学校的希望，社会的期待，给孩子带来了许多成长的压力。尤其是当下一批家长教育观念不佳，教育方法不当，家庭成长环境不优，孩子成长中出现了不少问题，甚至出现精神与心理的疾病。如果教师容易气盛，有时候学生的行为举止非常容易激怒自己。这个时候特别要注意自身修炼，需冷静思考，要言行得当，否则激怒之下，产生冲动情绪，冲动很容易导致矛盾激化，最后骑虎难下非常被动。

学生这个年龄就是容易犯错的年龄，和全世界为敌也在所不惜。老师一定不要动辄上升到道德品质层面。前些年和毕业近30年的学生聚会，那个全班最捣乱的男生现在是青年才俊，谈起曾经的自己大家都哈哈一乐。由此可见，学生的可塑性极大，外力的牵引加上自我的觉醒，才可能真正发生质的变化。

理解包容孩子，充满教育智慧。我们可以换一种方式：当你要发怒的时候，请先完成三件小事。第一在鞋子里悄悄弯曲脚趾，用力抓地，再放开。这个动作因为在鞋子里完成的，完全是不动声色；第二往后退一步，做几个深呼吸；第三离开那个让你生气的环境和人一会儿。只要能够制怒6至8秒钟，你基本也就失去发怒的欲望了。

不要在群里单独"@"某位家长，有时只言片语的留言说不清事情；尽量通过电话或者当面的形式和家长亲切交流；多发现孩子的优点，用虽然……但是……造句，"虽然这孩子有很多事情让我生气，但是他在某些方面是值得肯定与表扬的"；请切记批评不等于羞辱，指责不等于发泄，惩罚不等于体罚。只有坚守基本原则，才能有教育的自由，才能去创造更好的教育。

### 四、善于欣赏，发现藏龙卧虎

学会欣赏，多元激励。寒假的时候，让我吃惊的是，那个在学校里做事慢吞吞没表情让人常常要抓狂的女孩子，却能够沉静一个下午，画出精美的图画；那个学习上很是懒惰的男孩子却能从和面到擀面到切面条一气呵成……学生中藏龙卧虎，只是因为我们在校的时候更多地和他们的学习打交道，以至于我们对他们的评价趋于单一化。陶行知说："人人都说孩子小，谁知人小心不小，你若小看小孩子，便比小孩还要小"。善于鼓舞学生，通过各种平台，让孩子展现自己的本领，是教育中最宝贵的经验。特别是青年教师比孩子的年龄大不了多少，千万不要为了师道尊严而戴上面具让自己老气横秋。不要让自己的眼睛只盯着学生的缺点，应当容忍学生的弱点。记得 2022 年元旦文娱活动的时候，我吃惊地看到一个平时上课读书和发言时声音轻得像蚊子的女孩子，竟然活泼自信大方地一人分饰两个角色，逗得大家哈哈大笑。她的眼角眉梢灵气飞扬，和学习时的她判若两人。孩子们告诉我，其实她是个非常能逗的人，就是因为学习成绩一直不出色，搞得发言时胆小怯懦。

给予期待，助力前行。我们要在心里警醒自己：任何时候都不要小看孩子，一定不要只用成绩去对一个孩子下结论。你的教鞭下有瓦特，你的冷眼里有牛顿，你的讥笑里有爱迪生。陶行知的话应该深深印刻在我们每一个教师的脑海里。要永远给孩子希望，给孩子动力，给孩子鼓舞，给孩子帮助，激发斗志，激活潜能，激励成长。

**五、酷爱学习，助你如虎添翼**

学习让你锦上添花。教师这个行业是有自己的独特性的。虽然教师是个普通人，有平凡人的七情六欲、喜怒哀乐，但是面对顽劣的学生，就算心里再厌恶，尖酸刻薄鄙夷的话也不能说出口，只适合烂在心里；有些付出却颗粒无收的痛苦，也只能无声无息地自我安慰并悄悄忘记。请记住：为党育人、为国育才的教育初心不能改；为孩子终身发展与幸福人生的教育奠基不能忘；为孩子今天的幸福成长与明天创造成才的教育追求不能变；为实现自身的教育价值与生命意义不能动。教师要善于在磨砺中成长，在成长中继续磨砺提升。

教师是需要终身学习的。教师只有肚里有货，才有生产的本钱，只有肚中之货日趋壮大，才能孕育生命的产生。教师只有终身学习，让知识充满头脑，用智慧武装身躯，才有教育创新的能力，才有面对教育复杂问题时展现独特魅力，和谐有效解决问题的能力。因此，当我们对着学生苦口婆心说教时，一定不要忘记也对自己说一声："好好学习，天天向上"。

**六、当老师一定要记住：身教永远重于言传**

身教永远重于言传。学历水平不等于岗位水平，教龄长短不等于教育贡献大小。教师要清醒地认识自己，知道自己的优与缺、长与短，扬长优势，补齐短板，提升育人本领。育人先育己，做好表率，行动示范，当老师一定要记住：身教永远重于言传。《论语·子路》篇讲过："其身正，不令而行；其身不正，虽令不从。"我经常告诉自己：教师对学生的影响是终身的，也经常问自己：我教给学生的东西究竟能陪伴学生的生命走多远？教师工作无时无刻不是你世界观、人生观、价值观的亮相，你整天和学生在一起，你有什么样的人生态度、价值取向、思想观念、行为表现，自然会对学生产生相应的影响。请记住：你在学生面前表现的一切行为都具有教育性，你要用你良好的人格、高尚的品德、纯洁的心灵、高雅的境界去影响孩子，引领孩子前行的方向。

真心实意爱每一个孩子。教师一定不要偏爱学生，要一视同仁；教师一定要尊重学生的人格，决不能伤害孩子的尊严；教师一定要真心实意去爱孩子，去欣赏孩子，去帮助孩子；教师只有用崇高的精神去滋养孩子的心灵，才能在孩子的精神世界里种下真善美的种子。

**七、当老师一定要使用：人生路上两把尺子**

做教师非常重要的一条，就是要谦虚谨慎，好学不倦。教师应该要有两把尺子伴随自己的人生，一把尺子专门量别人的长处，虚心学习他人的优秀；一把尺子专门量自己的不足，在反思改进中成长。

一把尺子量别人的长处。每次教研组、备课组、年级组开会，教师都应该拿本子做好记录。每个人思考问题都会有其独特精彩的地方，用心听、认真记、向他人学。教师要学会"借脑袋"，要博采众长，把别人所有的长处、思考问题的结晶、教育教学中的智慧都学过来。要不断地"照镜子"，寻找自己的不足，确立自己改进与创新的方向。

另一把尺子量自己的不足。每一次课上下来都应该有"教后反思"。"教后反思"要从两个方面记录与思考：一是记学生的进步点、闪光点。当孩子学习全神贯注的时候会超水平发挥，往往超过教师备课时的所思所想，这是孩子创造的火花，我应该把它记下来，为以后的课堂教学提供思路；二是记自己的不足与反思改进。不管备课的时候多么认真，但是当孩子的主动性发挥出来以后，就会发现自己的准备总有这样那样的漏洞，教师要记下自己的不足，确立改进的思路与方向，这样长期下来就掌握了教与学的规律，课堂教学的质量就会不断提升。

**八、当老师一定要推进：学习与实践相统一**

课堂成为师生最好的相遇。教师每堂课上下来都需要认真思考，需要去看到自己的不足、缺陷乃至错误。做教育工作不能有丝毫的懈怠，要让课堂有进步、有创新、有突破，让每堂课都成为师生有意义的生命旅行，成为师生最好的相遇。罗曼·罗兰说过，累累的创伤，就是生命给你的最好的东西，因为每个创伤都标志着前进的一步。做教师要努力成为优秀教师，最后要向着卓越的方向迈进，这要成为新时代教师的一种理想追求。教师的教育生涯当中应树立两根支柱，一根支柱是学而不厌，一根支柱是勇于实践，两根支柱的聚焦点是反思提升、自我超越。

学而不厌。要诲人不倦，首先要学而不厌。一个教师学不好，就无法担当教书育人的重任。关于学而不厌，我特别注重两个方面：一是重要的理论要反复学。一定要用先进的理论武装自己的头脑，要有正确的德育观、教学观、学生观、课程观、价值观、评价观。现在教育问题纷繁复杂，不用正确的观点来思考，就会非常茫然。二是要紧扣教材深入学。教要教在学生不知道的地方，教要教在他似懂非懂之处，教要教在激发孩子对学习的追求上。《后汉书·列女传》中讲："一丝而累，以至于寸，累寸不已，遂成丈匹。"学习是光荣的荆棘丛生路，教师没有丰富的智力生活与育人理念是不可能点燃孩子旺盛的求知欲的，是不可能让孩子在每一堂课都兴趣盎然地吸收到精神养分的。

勇于实践。教育事业是实践的事业。教育不是说出来的、不是讲出来的，而是做出来的。因此，怎么做，用什么教育理念来指导，非常重要。作为一名教师应该养成严谨的习惯，不能有丝毫的懈怠。教师要在教育教学的实践中不断尝试、不断探索、不断创新，让学习成为课堂的核心，学生成为课堂的主体，让课堂成为有巨大磁力的引力场，成为激发学生潜能的思维场，成为心灵滋养的情感场，助力学生生命的健康优质生长。

### 九、当老师一定要敬重：每个鲜活生命个体

教师要尊重每一个鲜活的生命个体。教师面对是不一样的孩子，是鲜活的生命个体。每一个生命个体都成为祖国的未来，成为家庭的希望。教师一定要尊重每一个鲜活的生命个体，助力每一个孩子的幸福成长。

教师要努力攀登自己生命的高峰。教师要努力攀登，追求理想境界，不断实现自我超越。人最大的敌人是自己。作为教师，一定要树立教育是崇高而伟大事业的信念，绝不可干成小买卖。一定要追求理想的教育境界，不断地练就本领，努力攀登自己生命的高峰。

备课、上课要目中有人。我们所有的学科都是为了育人，这是教育的本质。教育就是为了促进每个学生的终身发展，把学生蕴藏的潜能通过教师的开发把它变成现实。因此一定要深入了解，目中有人，不仅要走进学生的知识世界，而且要走进他们的生活世界、心灵世界、精神世界。备课需要做好全方面准备，需要科学设计教学流程，需要研究学生的起点与最近发展区，要十分熟练掌握教案。如果教师能够把教案熟记于心而无需带教案本进课堂，能根据察言观色，眼观六路，耳听八方，观察每个学生的学习情况，关注每一个鲜活的生命个体，让课堂灵活呈现，让课堂展现生命活力，让教学目标充分达成，这样的课堂就是富有生命活力的课堂。

课堂教学是要深入研究的。教师绝不能做教书匠，不能只是灌输知识。在传授知识、培养能力的同时，要发展智力，熏陶情感，要全方位育人。课堂教学要多功能、立体化。要以学科智育为核心，融合态度、情感、价值观的教育，特别要关注学科核心素养的培育。教学是立体的，育人和求知应该互相渗透。各学科教学不仅有实用功能，还有教育功能、发展功能、审美功能。因此，所有课程都要能够立体化施教、全方位育人，人人都是德育工作者，真正走向全员育人、全程育人、全方位育人。

### 十、当教师一定要重视：自身专业不断发展

教育事业常青。教师的生命是在学生身上延续的，教师的价值是在学生身

上体现的。选择做教师，就需要一辈子爱教育、研究教育、创新教育，有教育情怀，有时代担当。做教育需要一辈子上下求索，努力做一名合格的教师、优秀的教师、卓越的教师，真正担当起"为党育人、为国育才"的崇高使命。生命是有限的，但是教育事业是常青的。我们的手里掌握着国家的未来，要不断去探索理想的教育，用教育梦支撑起强国梦的实现。

育人先育己。做教师要走与孩子、与同事共成长的路，在教育学生的同时首先教育自己，教育自己成为一个堂堂正正、表里如一、言行一致的有教育情怀、有天下担当、有中国灵魂、有世界眼光的中国教师，成为一个能和学生知心交心的新时代好教师。

没有最好，只有更好。做新时代的教师，没有最好，只有更好。做教师需要一辈子去学习、去探索、去揭示规律、去提升自身专业水平，去为每一个孩子提供更适合的教育；做教师要不断完善健全自己的人格，升华自己的思想，成为学生成长的精神导师；做教师需要不断地反思，不断地追问，我一辈子上的课，究竟有多少是上在黑板上、上在教室里的，究竟有多少是教到学生心中的，是否能影响学生走很远很远。

期待每一位教育同仁，为了每一个孩子的终身发展与幸福成长，通过我们的艰苦奋斗、激情创造，能不断创造教书育人的新业绩，努力把每一个孩子培养成社会主义事业的合格建设者与可靠接班人。让这个理想变成光辉的现实，这是教师教育价值所在，更是教师生命意义的展现！

# 青春礼

**相约美丽六月　演绎青春无悔**

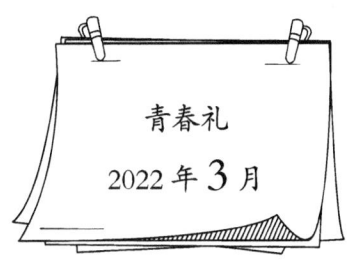

青春礼
2022年3月

在全国"两会"胜利闭幕、北京冬残奥会精彩落幕之际,"北实"迎来了2022届初三及"1十3"年级青春礼。

同学们,3年前,大家欣然选择了"北实",开启了誓铸"北实"辉煌的魅力之旅。3年美好的时光弹指一挥间,转眼间我们就站在中考最后3个月的冲刺线上。今天,我们欢聚在这里,满怀着美好的希望,充溢着奋斗的豪情,吹响实现我们人生理想的集结号,发出我们人生攻坚的进军令,擂响我们阔步前进的战鼓声,合奏我们必胜豪情的铿锵曲。我们是魅力"北实"的骄傲,更是强大祖国的希望!我们的目光从来没有像今天这般坚定,我们的思想从来没有像现在这般成熟,我们的梦想从来没有这样真实。此时此刻,虽然春寒料峭,但我们已心系那火热的六月。今天是我们离参加中考仅剩100天的日子。100天有100次的奋进,100天有100次的搏击。中考是我们面临人生的机遇,也是人生旅途第一个重要考验,它是奋斗之旅的破釜沉舟,是箭在弦上的蓄势待发,更是"男儿有志出乡关,不获成功誓不还"的庄严承诺。从一定程度上来看,决定着我们今后人生的道路选择。

"九年磨剑,六月试锋"。此时此刻,我们能体会到同学们面临人生第一次重要选择时的紧张心情,也能感悟到同学们临近中考接受挑战的迫切希望。中考备战已进入关键阶段、攻坚阶段、冲刺阶段。借此机会,衷心祝福孩子们在最后冲刺的岁月里:阳光自信、目标远大、奋力拼搏、科学备考、快乐成长、铸就辉煌!

## 一、确定奋斗目标

目标是我们努力的方向，也是我们不断前进的动力。学习上，每个人都应该有适合自己的奋斗理想，尤其是到了中考复习的关键时期，我们更应制定详细可行的目标与计划，把目标具体到每周每天每节课，并且时刻检查自己的目标达成情况，已达标的打个对号，没达标的想办法尽量完成。目标的确立必须符合每个人的实际，既不能太高，也不能太低。合适的目标会使我们信心倍增，干劲更大。它会激励我们为之奋斗，在持续地奋斗中实现我们的目标。我们这一届同学是怀揣着远大目标的群体，是勤学、乐学、好学、会学的团队，更是善于书写辉煌的集体！同学们一定要咬定目标不放松，不达目标不放手。在不断的设定目标、完成目标的过程中，提升自我，振奋自我、超越自我，成为最好的自我。

## 二、树立必胜信心

"信心是基石，拼搏是保障"。充满信心，是决胜中考的前提，是迈向成功的第一步。要牢记信心第一，勇往直前。只有拥有信心，才能拥抱成功。美国著名思想家爱默生说："自信是成功的第一秘诀。"英国现实主义剧作家、诺贝尔文学奖获得者萧伯纳也说："有自信心的人可以化渺小为伟大，化平庸为神奇。"曹操在北征乌桓时，挥笔写下了"日月之行，若出其中；星汉灿烂，若出其里"的感叹，展示了他统一北方的抱负，这是何等的自信与豪迈！青年时代的毛泽东同志曾豪迈地说："自信人生二百年，会当水击三千里"，更是激励每个人都要充满自信、胸襟宽阔、目标远大。要树立信心，不要畏惧中考，要充满信心，才能挥洒自如，甚至超常发挥。

## 三、培养坚强意志

坚定的意志和顽强的毅力，是决胜中考的支柱。中考不仅仅是人的智力水平的检验，同时也是人非智力因素的较量。心理素质是增强剂，它能使人的各种能力发挥到极致。迎战中考，压力难免，我们要将压力化为动力。正视压力，正视现实，正视复习备考中的暂时失利。你所能做的只有一件事，那就是精神振奋、努力学习。要做到：当我暂时失利时，我心中正酝酿着成功。持之以恒，勤奋不止，有志者事竟成。因此，我们只有培养自己坚不可摧的意志、坚韧不拔的毅力，通过自己坚持不懈的努力，才能达到胜利的彼岸。我们要珍惜生命每一天，微笑面对每一天，我们坚信，我努力，我就行，做最好的自己，让激情天天燃烧，让热情天天高涨，让人生天天长进。

**四、科学复习备考**

科学的复习方法，是取胜中考的法宝。在备考复习中，教师是教育教学的行家里手，针对中考方向，针对学生的实际，具有极强的实效性，同学们要紧跟老师走，绝不要另搞一套，否则就会事倍功半。建议同学们综合运用下列复习方法。一是及时复习。根据德国艾宾浩斯的遗忘规律，我们要及时复习，因为遗忘是在学习之后快速发生的，那每天复习就应保证当天功课当天清，一周功课一周清。及时复习花费的时间少，但效果好。二是分散复习。从心理学角度看，集中复习容易引起疲劳，影响复习效果；分散复习由于时间短，不易引起疲劳和干扰，复习效率自然就高。在考前冲刺阶段，要根据分散复习的原则，把各科穿插起来复习。三是多次复习。有的同学总是说，学了以后记不住，其实就是复习的次数不够。四是用多种方式结合起来复习。单一的复习方法，易产生消极情绪和疲劳，如果采用交谈复习法、讨论复习法、合作互助法、自我检查法等多样化的复习方法，就会激起智力活动的高质增效。

复习备考是知识的复现，已学过的知识，做过的习题，特别是重点内容，考试的热点，每隔一段时间就要再看看，只有经过多次反复，才能有效地使知识得到强化，概括起来说就是作好"三管"——管好自己的口，不懂就问；管好自己的手，老师布置的习题一定要动手做，只看不做就会出现看到题，题题都会，做起来题题都有失误，所以要防止眼高手低；再是管好自己的脑，提倡独立思考，对同类问题要注意归纳比较，将知识内化为自己的思维能力。

**五、特别注重细节**

注重细节是一种优秀的品质。"细节决定成败"，差之毫厘，失之千里。因此，在平时复习备考中，要注意审清题意，准确运算、解答步骤完整，书写规范、卷面整洁等等，还要注重夯实基础，不断在练习和模考中找出不足，及时弥补，提高能力。注重细节还要克服一种现象，就是有的同学每次考试完后都抱怨自己粗心，一不小心又丢掉了分，其实这是平时在学习中不注重细节导致的。希望同学们在平时的学习和训练中，要特别注重细节，拿出一定时间，针对自己的"偏点""弱点"，进行必要的定点训练和强化，实施重点突破，因为这些"偏点""弱点"正是同学们的能力增长点，从而克服总成绩徘徊不前的"高原现象"。总之，要克服粗心的毛病，走好每一步，积小步为大步，积小进为大进，同时，必须处理好学习与锻炼、学习与休息的关系。科学安排，相互促进，夺取中考的最后胜利。

"心怀凌云志，脚踏实地行。世上无难事，只要肯登攀"，是船，就要搏击风浪；是桨，就要奋勇向前！最后一百天，机遇与挑战并存，人生不需彩排，每天都很精彩。让我们用闻鸡起舞的精神彰显我们的志向，用映雪囊萤的刻苦照亮我们的心扉，用"不到长城非好汉"的毅力铺就我们的前程，以"不破楼兰终不还"的豪迈成就我们的辉煌！

让我们携起手来，只争朝夕，以更加无畏的勇气、更加专注的态度、更加主动的精神、更加严格的自律，挑战自我、超越自我、成就自我！披荆斩棘，决战百日冲刺；百炼成钢，演绎青春无悔，让我们用勤奋和智慧照亮成功之路，相约美丽六月，演绎精彩人生，以更加优异的成绩向党的"二十大"献礼！

# 成人礼

## 冠礼十八志　心系家国情

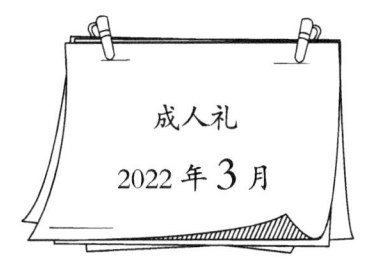
成人礼
2022 年 3 月

当"冰墩墩"掀起的热潮还在持续,"雪容融"已紧接登场,开始了生命的绽放。在举世瞩目的冬残奥会和全国"两会"举办的喜庆日子里,在"北实"全面开启魅力教育新征程的第二个春天里,我们迎来了新百年又一届高三成人典礼。

中国的成人礼在古代叫作冠礼,始于春秋时期。《礼记》云:"凡人之所以为人者,礼义也"。又云,"夫礼,始于冠",所谓"礼义"之始,就是从成人冠礼开始。同学们,今天我们为全体高三同学举行成人礼,从我们跨过成人门这一刻起,我们告别了十八岁,这就意味着我们已经成人。作为成年人,这就意味着我们要有更大的担当,这就象征着我们走到了人生一个关键的转折点,站到了新时代一个崭新的起点,深情憧憬着无限美好的未来!

亲爱的同学们,回眸过去的十八个春秋,我们更多的是在风和日丽中成长,一路洒满的是父母挡风遮雨的关爱,一路守望的是老师耐心细致的教诲,一路陪伴的是同学朝夕相处的温暖。十八年来,父母的养育,长辈的关怀,老师的引领,朋友的帮助,让我们领悟生活的激情,成长的快乐。这些馈赠都是恩情,我们要学会感恩,助力成长,就要牢记"感恩"二字。我们要感恩父母、感恩老师、感恩朋友,感恩就要去关爱、去奉献,感激他们给我们以生命的温度;我们要对缤纷的世界和斑斓的社会感恩,去体悟、去合作,感激其给我们以生命的广度;我们要对博大精深的中华文化感恩,去学习、去探究,感激其给我们以生命的深度。我们要把感恩当成一种责任,当成一种信念,只有心怀感恩的人，才会有强烈的责任意识，才会把感恩当作前进的动力！从今往后，希望大家不再让含辛茹苦的父母操心，希望大家不再让无私奉献的老师担心，希望大家更加懂得人生的价值、责任、奉献。

同学们，当我们举起右手，向祖国、向人民、向父母、向母校、向老师发出成人誓言时，就意味着我们将以一个共和国公民的名义，去承担宪法和法律所要求的义务，请大家牢记"责任"的内涵。责任既是法律赋予自身的权利与义务，更是自身成长立身社会的重要基石。

古人云："小孝孝其身，大孝孝其心，至孝孝其志！"孝敬父母，不仅仅是给父母花点钱，孝敬父母，主要还是与父母交心，知道父母在想什么，在精神上有什么需求，然后自己努力去帮助。至孝者，知道父母一生的志向，并竭尽所能帮助他们去实现。成人意味着成熟，就意味着我们告别幼稚，走向成熟；告别任性，走向理性；告别他律，走向自律。青年的成熟，需要不断地努力学习，划好自己的人生与前程，今天我们努力学习、健康成长就是对父母最大的孝道。

同学们，人的一生是漫长的，但无论遇到什么困难，都要超越自我，勇往直前。羽翼丰满，就要飞向蓝天、挑战天空；融进社会，就要超越自我、奋勇向前。有了这种豪情，你会觉得困难没什么可怕，因为咱们有了挑战困难的勇气，有了海纳百川的大气，有了傲游学海的霸气，有了勇攀书山的底气。虽然我们无法衡量生命的长度，但我们可以决定生命的质量。有梦、追梦、圆梦！愿大家做一个让家长放心、老师满意、社会欢迎的德才兼备的新时代好公民。

美国经济学家、现代管理学之父德鲁克曾说过：成功的源泉来自责任。当我们能为家人、社会、他人承担责任，才会懂得什么是真正的幸福。同学们，再过80余天，我们将接受成人后的第一次大考——高考，高考其实是时代给予我们的厚赐。只有经历过高考的人，十八岁的阅历才会丰富，十八岁的色彩才会飞扬，十八岁的笑容才会绚烂。新时代是奋斗者的时代，选择拼搏与挑战，就选择了希望与收获；选择纪律与约束，就选择了理智与自由；选择攀登与超越，就选择了成功与辉煌！在这最关键的八十多天里，你们将做出怎样的选择？选择了跨越，就是选择在挫折中奔跑，选择在成功后涅槃。我们苦，我们累，但我们心中无怨无悔！希望你们不忘初心，不负韶华，用梦想和激情亮丽青春的风采，用汗水与智慧铸就人生的辉煌！圆梦今年高考，誓叫青春无悔，送父母一个惊喜，赠母校一份厚礼，实现人生一次最有价值的飞跃。此时此刻，作为校长和老师，我期待大家为人生的成长添上灿烂辉煌的一笔！

"天下兴亡，匹夫有责"，身上有责任，心中方能有目标，著名实业家稻盛和夫先生认为，成功来自两个字——努力！"努力，再努力，在每件事上继续努力"，就一定能够赢得成功。亲爱的同学们，成人仪式是短暂的，但人生的道路是漫长的。这场庄重的成人仪式，是我们迈向明天的新起点。我们明天的骄傲，就是从今天开始！青春是一场勤奋的较量！成人是奋斗，是奉献，是责任，是超越！美好的未来属于激情奋斗、不断超越的我们！

孩子们，努力向前走，勇创新未来！

# 毕业节

## 为未来生活做准备

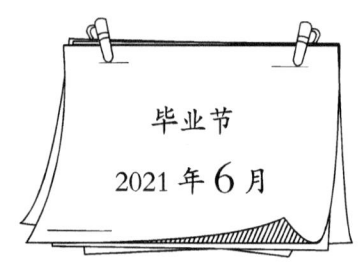

毕业节
2021年6月

青春是一首激情之歌、豪迈之歌，愿同学们好好谱写，唱响未来的每一个日子！青春是一首动人之歌、奋斗之歌，愿同学们放声歌唱，奔向光明灿烂的未来！

刚刚参加完高考的同学们：大家好！

首先恭喜你，穿过了人生第一个黑暗隧道，历经勇敢攀登，终于爬上了一个小土坡，从此以后，再碰到什么大考小考，天空就会飘来六个字"那都不是事儿"。

当人从长时间的持续奋斗、紧张疲惫中，一下解脱出来，十有八九会进入失重状态。辛苦那么久，你想尽情调整休息、吃喝玩乐，带点报复和肆意的快感，很正常，我只想提醒你，安全、安全、安全至上，只有安全才有未来！日子还长，你慢慢来——除此以外，父母生你不易，养你更难，你的安全不属于你自己，请你，且行且思、且乐且珍惜。

吃喝玩乐10天以后，七成同学就会进入那个状态——睡得昏天暗地，醒得头昏脑涨，目光呆滞地洗漱，蓬头垢脸地上网，热火朝天地聊天，两眼贼光、贼光地打游戏，父母心疼你苦了太久，懒得跟你大呼小叫，睁一眼闭一眼，由着你吧，然后你就慢慢颓废了，干啥都不用心、不起劲，一心等分数，一心等开学，一心等待着未来。

3个月假期说长也短，不知不觉间你就上大学了，然后你会发现，你上当了！大学并没有想象的那么自由和高大上，搞不好校舍没有咱们的中学洋气，课程比中学还乏味枯燥，课堂并没有那样有趣。你的中学老师，虽然是一群情智商都不那么高的人，但是他们谨慎胆小、善良心好、勇于挑战、用心做事、用爱陪伴、一起欢笑、一起成长。什么时候想起来，都是那么温暖，生活是那样有故事。然后，你的大学记忆里，同学永远比老师清晰，回忆的往往是同学之间的友谊，同学中的那些故事。当然，大学里也可以碰到影响你一生的人生导师，这就看你运气了。

### 一、关于青春——18岁的青春是最绚丽的

18岁的青春是最绚丽的。不仅有最美的外表，更有强大的内能；不仅有青春的激情，更有创新创造的能力。青春应该有美好的梦想，每个人都渴望成功与幸福，但如果只停留在梦想与渴望中，这一切都只能是空想。只有行动，才能把梦想变为现实；只有勇于创新挑战，才能创造美好未来！所以，不能等待，我们要立刻向着人生目标行动！

18岁的青春要去探究人性之美。我们要用一生去追求人性之美。人性之美永远照亮人类前行的方向。悲天悯人的情怀、坚毅不屈的精神是人性之美；承担青春的责任，矢志不渝地奋斗是人性之美；不畏困难的品质，迎难而上的坚毅是人性之美。生命就是一场经历春夏秋冬，体验酸甜苦辣的奋斗过程。没有雨雪冲洗的天空不明朗，没有苦难涤荡过的心灵不纯粹，没有泪水沉浸过的眼眸不深邃，没有折射的阳光单调不奇美，没有奋斗的人生淡然无味。希望大家以那些坚守理想价值、具有高尚品格的人为榜样，在完善自己、铸就个人美好人生的同时，温暖整个世界。

18岁的青春是锤炼本领的最好时光。学习是练就本领的最佳途径。学习不仅需要安静的环境，更需要安静的内心。只有心无旁骛、潜心笃学，才能获得真知、增长才干；只有坚韧不拔、百折不挠，才能超越自我、升华人生。今天，我们同样需要摆脱物质的奴役，在安静思考默默守望、执着追求的过程中感受宁静的巨大力量。

早已走过半百的我，也有过自己的青春时光，也目睹了许许多多生命的发展，有三点人生感悟与大家分享：

1. 世上处处可以见到失败的生命残骸，这都是不肯接受磨炼的结果。因为

不能自律而失败的人比其他任何原因所毁坏的人都多。

2.无须惊天动地，仅就"安分守己"而言就需要一生的努力，每个人都要努力做到守规则、守时间、守承诺。

3."成长"和"活着"是两个概念。成长是内心充实的发展过程，是积极的生活态度；而"活着"的最佳状态不过是积极地消费。

当下的青春不是用来享受的，是用来奋斗的，只有奋斗的青春才美丽。未来，青春是用来回忆的，只有将美好的青春投入到建设强国梦的奋斗中，才能带来人生的丰满，青春才能成为一首激情澎湃的歌，唱响生命的旋律，实现人生的价值！

**二、关于暑假——为未来做充足的准备**

这个假期，在生命的旅途中有着不同的意义，是继往开来的转折时期，值得认真思考与规划。我给同学们一些可行的建议：报个名，去把驾照考了，因为驾车是现代人的一项基本技能；约几个靠谱的朋友来趟靠谱的旅行，因为旅行让你看到不一样的风景；去听音乐会、买畅销书、看热门电影，这样可以丰富你的生活；去把一直想学的乐器学了，看你想看的书，干你一直想干的事儿，这些都会给生命增添色彩。动起来，你会发现生命的价值与意义，你会发现生活真的很美好，怎么都比在家闲待着强。

这个假期最重要的事儿不是瞎玩，而是陪父母。陪伴他们一起锻炼、一起休闲、一起做饭品尝美食、一起整理卫生、一起娱乐开心，修补一下被升学教育折磨得千疮百孔的亲子关系。你的人生，从某种意义上讲，和父母的分离即将开始。在家的时间越来越少，注意力开始无限外放和分散，唯独注意不到身后逐日衰老和孤独的两个人。我18岁离家求学后，几乎再也没有跟父母相处超过一个月的时间，我一直以为来日方长，不知道一向健康的父亲会在23年后离我而去，没有很好的孝敬老人，更谈不上好好的陪伴，终生遗憾。这世上有很多事都是"此情可待成追忆，只是当时已惘然"，人生无常，事有偶发、岁月无情、后悔莫及，如果你把我的话听进去了，一切都来得及，回忆往事，就会少一些遗憾！

向陪伴成长的人说声"谢谢"。感恩的心意永远不会迟到。6月，既是毕业季，也是感恩季，感恩老师，感恩父母，感恩一直给予鼓励、一直陪伴身边、一直默默付出的亲人和朋友。比如表达对老师的感谢，不一定是请客吃饭的"谢师宴"，也可以是一句话，一条短信，一次真诚的道别。高考后，对辛劳的父母说一声"谢谢您的爱"。多去看望年迈的爷爷奶奶、外公外婆，这是你生命起源的地方，在这无拘无束的时光里多陪陪老人。

在生命的每一段时空里，都有着自身的职责与使命，暑假的时间值得珍惜，做好假期的时间规划，让三个月的假期在充实而愉悦中度过，为大学生活、为未来发展做准备。

### 三、关于大学 —— 寻找所有营养你的东西

人的核心竞争力，有一半以上都来自专业以外的视野与综合能力，譬如多年阅读积累出来的生命智慧；譬如长期坚持锻炼而铸就的强壮身体；譬如良好的家庭教养而练就的好品质；譬如良好的人际沟通表达能力让你结交更多优秀的朋友；譬如人脉资源会促进你的发展，等等。所以，在大学里，除了专业学习以外，你要做的事儿还很多，一定要努力打好基础，提升自身的综合素养。

走进大学图书馆广泛阅读。苏霍姆林斯基说："要学会自己天天读书，不要把今天的工作搁到明天，今天丢弃的东西，明天怎样也补不上了"。金庸说："只要有书读，做人就幸福"。大学时代是读书的极好时光，以图书馆为友，浸润在书海里，促进精神的良好发育与思想的不断升华。国学大师钱穆说："古往今来有大成就者，诀窍无他，都是能人肯下笨劲。"胡适也说："这个世界聪明人太多，肯下笨功夫的人太少，所以成功者只是少数人。"代表钱钟书学术成就的《管锥编》，引述4000多位名家的上万种著作中的数万条书证，汪洋恣肆，博大精深。有些人可能不知道，他进入清华后，目标是"横扫清华图书馆"。他的治学心得是："越是聪明人，越要懂得下笨功夫。"俞敏洪谈到他的大学生活时，说："不管北大给了我什么样的影响，大学期间读的500本书，才是真正决定我人生和未来的关键。"如果这四年你没有荒废，未来四十年你就有可能开始的相对从容。成长不是一蹴而就的，哪有什么人生开挂，只不过是厚积薄发。

去寻找所有能营养你的东西。那些跟艺术、跟健美、跟文化修养、跟生命

视野、跟普世价值有关的东西。譬如听一些好的音乐，有一门艺术特长，既能让你血脉贲张，也可以让你沉默安详；有一门体育特长，养成终身锻炼的习惯，就能练出一副好身体，担当重任才有了前提；看一些经典好片，体会光影背后的深邃；了解所学专业的前沿发展与未来走向，应对职业的能力存贮与精神准备，为未来职业打基础；还有那些高质量的讲座、培训、脱口秀和公开课，能吸收就不要错过。

20岁前后是人生的加速上升期，多做加法，好读书、广交友、善思考、勤做事。与优秀的学哥学姐做朋友，他们刚从你的年纪走过，理解你的想法和困惑，有很多经验和教训值得借鉴吸取，这会让你在未来三五年内少走不少弯路。"听君一席话，胜读十年书。"崇拜大师，走进大师，帮大师干活，接受大师的启迪教诲，你会恍然大悟。

多运动、多参加社团活动，切莫放纵。因为年轻，所有的身体指数良好到会让你失去警惕性，从而做出许多伤害身体的事情，给进入中老年时代留下隐患。我亲眼见过在政府、企业招聘中千里挑一胜出的大学生，在随后的体检中惨遭淘汰，拿着报告单在医院走廊里放声痛哭，忏悔自己大学几年疏于运动，作息不规律等等。

人无远虑，必有近忧，大学生活需要将感性与理性统一。我们所做的每一步行动，都会影响下一步发展，人生是一个完整的链条，一环套一环。生命需要整体规划，做好科学设计。大学毕业时，是选择继续深造、去哪深造，还是选择就业、去哪就业，这些都明明白白的时候，就知道自己脚下的路如何走，大学生活如何过。大学生活是美好的，美好的生活是在奋斗中创造出来的。

### 四、关于生活——追求生活的幸福是人类永恒的话题

追求生活的幸福是人类永恒的话题。有国才有家，有家才会有幸福生活。肯尼迪说"不要总是问国家为你做了什么，你要常问自己为国家做了什么"，这话适用于全世界的年轻人，用来解读个人和国家的关系。以一己之力，或许对全局没有大的改观，但是鲁迅先生早说过：世上本没有路，走的人多了，也就成了路。借一句网络金句，更加直白简单——"你有阳光，中国就不会黑

暗。"越是年轻，越要有意识地积累智慧，辩证思维，不偏激地看问题，尤其不要在网上胡乱吐槽泄愤，逞口舌之快，做无用之功。与其抱怨，不如实干。改变不了别人，不如改变自己，让自己成为更加优秀的人，才会正面影响身边的人，从而使这个社会变得更加美好。

精神生活的富有才是生命的最大价值。在过去物资匮乏的年代，不断做物质加法——为家里添置冰箱，买回电视机，配齐洗衣机，再买辆车……从一无所有的状态到"全副武装"的过程，确实能给人幸福的感觉。但现在，物质空前丰富，在一个万物具备、什么都不缺的年代，占有物质很难再刺激我们的感官，让我们获得长久的满足。在新的时代，比起金钱和物质，更重要的是精神层面的充实感。从实物中获得的满足感只能持续很短的时间，但是我们宝贵的经历以及从中获得的知识，将永久地入驻我们的生命。即使家庭出身贫困，也不要只看眼前的物质利益，从长计议、打好基础、练就本领、塑造品质、沉淀文化，在奋斗中创造业绩，在奋斗中创造幸福的生活。

有教养的人才会有充实愉悦的生活。教养像是万物复苏的春天，给人带来百花齐放的美好享受，又像是高温炎热的夏天，让人感受到火辣辣的热情。毕淑敏说："教养是细水长流的，具有某种坚定的流向和既定的轨道性。"它是后天养成的品质，但一旦养成，就深植于我们的骨髓。无论在什么时候，展现我们的教养，等于展现我们灵魂的模样。

生活不是等着暴风雨过去，而是学会在风雨中跳舞。年轻没有失败，不要让进取的心停止跳动。受挫一次，对生活的理解加深一次；失误一次，对世间的顿悟增添一成；不幸一次，对人生的认识成熟一度；磨难一次，对成功的内涵审视一番。

人生是单行线，不能回头走，只能回头看，吸取教训、积累经验、探寻规律；努力向前走，满怀期望、憧憬未来，坚持、坚定、坚韧走下去，明天更美好！

**五、关于生命——在奋斗与挑战中开创未来**

生命并非一个发现的过程，而是一个创造的过程。你不是在发现你自己，而是重新在创造自己。所以，别急于发现你是谁，而该急于决定你想做谁。

竞争激烈的时代需要的，不是优秀而是出色，而出色一定是把事情做到极致的人们的行为标志。你认真一时，远远不够，只有恒久的认真，把认真做到极致，才会实现自己的理想，在人生的道路上越走越远。

生命就像一种回音。如果你努力去发现美好，美好会发现你；如果你努力去尊重他人，你也会获得他人的尊重；如果你努力去帮助他人，你也会得到他人的帮助。你播种什么，就收获什么；你给予什么，就得到什么。

生命不可缺少的十度修炼。忍得住孤独、耐得住寂寞、挺得住痛苦、顶得住压力、挡得住诱惑、经得起折腾、受得起打击、丢得起面子、担得起责任、提得起精神。

生命需要自信。不要让一时的失落，否定你成为英雄的可能。我们想成为一张足够广阔的天幕，好承载起足够璀璨的繁星。而在这个过程中，我们彼此都需要学习，需要相互激励，需要牵手前行！这个世界有时看似分明：有竞争，就会分出先后；有选择，就会意味着一部分人欢笑，而另一部分人失落。而当你有一天能定义自己的人生，活出自己的精彩，这个世界就是你自由驰骋的天地。

低调做人你会一次比一次稳健；高调做事你会一次比一次优秀；成功的时候不要忘记过去；失败的时候不要忘记还有未来；再烦也别忘记微笑；再急也要注意语气；再苦也不忘坚持；再累也要爱自己。

参加完高考的高三同学们！希望你在接下来的日子里，及时调整心态，不要让一时的失落否定你成为英雄的可能。希望你将这偶然的挫折视为考验而非拒绝，视为细雨而非凛风，最重要的是，将它视为向内检视自己，重新出发，迎向新天地的契机。总之，带着理想带着果敢去生活，努力让自己内心强大，就无须在意众声喧哗！高考已成为过去，无论成绩怎样，无论将进入那个学校，这几年在你整个人生过程中的影响是巨大的，好好珍惜当下的青春生活，当榜上无名时，脚下一定有路！在奋斗与挑战中开创未来！

师生相伴三年,

缘牵一生,

有道不尽、说不完的感人故事;

有情难舍、心难分的甜蜜回忆。

青春是一首激情之歌、豪迈之歌,

愿同学们好好谱写,

奏响生命的乐章,

唱响未来的每一个日子!

青春是一首动人之歌、奋斗之歌,

愿同学们放声歌唱,

荡起生命的小舟,

奔向光明灿烂的未来!

# 秋季开学节

## 做魅力"北实人" 圆精彩中国梦

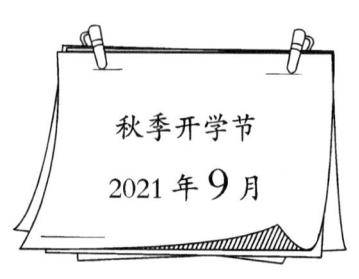

秋季开学节
2021年9月

  金秋送爽、硕果盈枝,在全面落实"十四五"教育改革,促进教育高质量发展的开局之年,在教育部"双减政策"的新形势下,在开启魅力教育"三五"战略规划的奋进之际,期待已久的开学季,终于到来了!

  首先,我代表学校,对大家能够在全民战疫的特殊时期按时返校,致以诚挚的敬意和亲切地问候!特别是对新加入"北实"的新同学、新老师表示热烈的欢迎!

  今年,我们见证了中国共产党成立一百周年的盛典,我们也再一次体验了一场千年不遇的新冠病毒肆虐全球的恐慌,更感受了伟大祖国"不忘初心,人民至上"的党的关怀和温暖。我们的"北实",也已历经百年的砥砺前行,从香慈到立新再到"北实",鸿儒荟萃,领思想之潮;群英云端,开风气之先!从慈善教育到魅力教育,构建了"幼小初高十五年一体化魅力课程体系",打造了"孩子向往、教师幸福、社会满意"的中国基础教育普适品牌,成为集"全国科研兴校先进单位""中华优秀传统文化教育基地""中国魅力学校"等多项荣誉于一身的综合改革实验学校,为国家培养了大批可堪大任的杰出英才。累累硕果夯实了"北实"发展的根基,声声赞誉溢满了京都大地,这是党和人民对"北实"的最高褒奖!

  在"北实",信步校园,你可以驻足欣赏美丽的凤凰亭,可以徜徉科技文化广场,游览艺术文化广场,看一看熊希龄文化广场和校史文化长廊,读一读"北实"的红色故事,想一想"北实"弦歌不断、砥砺耕耘的精神。

在"北实",你可以坐进古色古香的礼堂,聆听名家的讲座,感悟历史与现实的衔接,现代与未来的联通,你会发现"红色基因、榜样力量、追求卓越"的奋斗精神形成了"北实"特有的"魅力文化场"。

在"北实",美丽优雅的校园环境与魅力文化相得益彰,令你陶醉,令你神往。你可以站在舞台上高歌一曲或慷慨演讲;你还可以到室内游泳馆、跆拳道、篮球场以及400米跑道的大操场释放你的激情,张扬你的个性,让你的活力绽放!

在"北实",你就像登上知识的宫殿,尽情享受魅力课堂的无限风光!构造"一方池塘",崇尚自然;点燃"一束火焰",启迪智慧;敲打"一块燧石",激发思维;推开"一扇大门",育美求真。

"北实"是藏龙卧虎之地,如果你是龙,我们给你一片海;如果你是虎,我们给你一座山。在学有余力的拓展学习空间里,你还可以选择科普、文体、艺术、劳动、阅读、兴趣小组及社团活动,满足你多样化的需求。只要你乐学善学,勇敢自信,展示自我,我们将不遗余力,为同学们的全面发展提供最大的助力!

忆往昔,感百年峥嵘;看今朝,恰同学少年。同学们,走进"北实",相信自己。时刻谨记,"北实人"目标当存高远,行动就在眼前;厚植家国情怀,勇于担当重任;充满"志合者,不以山海为远"的喜悦;立鸿鹄志,做奋斗者,善于超越,拥有"百舸争流,奋楫者先"的勇气。走进"北实",相信老师。"北实"的老师倾心教育,有情怀、有温度;用心教学,有责任、有修养;醉心课堂,有能力、有高度;潜心研究,有境界、有思想。追梦路上,老师将和你们并肩奋斗;成长路上,与你一起奔跑;疑难困惑,与你一起面对;吃苦耐劳,自强不息,披荆斩棘,喜乐共享!

存千秋之功,成万世之业,必待非常之人。我相信:从"北实"走出去的每一个学子,都将成为一个具有"中国灵魂、国际视野、北实精神"的现代魅力人!

最后,祝愿我们的每一位老师,每一位同学,听从党的召唤,与祖国同呼吸,与时代共奋进,用自己的智慧和勤奋,做魅力"北实人",圆精彩中国梦!

# 校庆节

## 追寻红色记忆 激发奋斗精神

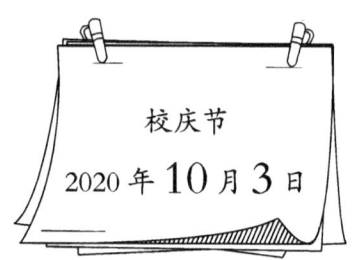
校庆节
2020年10月3日

  香山，传承着中国革命历史的红色基因，也因深秋红叶而闻名。对于由香山慈幼院演变而来北京实验学校来讲，香山更具有特别的意义。

  1918年，熊希龄先生为在香山静宜园创办香山慈幼院，在松坞云庄遗址修建了私人宅邸，题名双清别墅。1920年，熊希龄在这里成立了香山慈幼院，开启了我国慈善教育的先河。1949年3月25日至9月21日，党中央在香山的181天，双清别墅成为毛泽东同志办公居住地，香山慈幼院腾出3000多间校舍为党中央办公用房。在这里，毛泽东同志发表了《论人民民主专政》，为新中国的建立奠定了理论基础和政策基础；在这里，中共中央同各民主党派、各界人士共同筹备中国人民政治协商会议，制定了《中国人民政治协商会议共同纲领》，确定了新中国的国体和政体，制定了一系列基本政策，描绘了建立建设新中国的宏伟蓝图。

  "香山精神"永远绽放夺目的光芒。虽然历史已经远去，战争硝烟早已散尽，但中共中央在香山时期展现出的革命到底的斗争精神，将永远激励着"北实"师生奋力前行。近十年来，秉承"香山精神"精髓，在学校党委的引领下，永远铭记香山革命历史，继承和弘扬熊希龄先生和香山慈幼院的办学理念，发扬"勇于担当、善于超越"的"北实"精神，以办"孩子向往、教师幸福、社会满意"的魅力学校为目标，找准"香山精神"与学校发展的切入点与结合点，在传承中发展，在创新中超越，全面提升学校的办学品质与核心竞争力，以"赶考"的清醒和坚定，全力铸就"魅力教育"金字品牌，向党和人民交出了鼓舞人心、催人奋进的满意答卷。

**一、深刻领悟"香山精神"内涵，凝聚催人奋进的力量**

"明镜所以照形，古事所以知今"。"香山精神"是催人奋进的巨大精神力量，学校党委以"领悟百年党史，赓续精神血脉"为主旨，深刻领悟和准确把握"香山精神"的本质和内涵。

"人无精神则不立，国无精神则不强"，结合学校百年发展历史，学校党委着眼"北实"发展，以"逐梦百年，鉴往知来"为宗旨，以"传承香山精神，锻造魅力品牌"为党建品牌，凝聚促人奋进的磅礴力量，逐步形成了"北实"传承红色基因的新时代"魅力教育"精神：将教育教学改革进行到底的探索精神，办好人民满意教育的理想情怀，勠力同心、担当超越的优良作风，新阶段、新格局、再出发的磅礴气势。以四个"要为"（要为祖国的伟大复兴做教育、要为学生终身发展做教育、要为教师实现价值做教育、要为师生幸福生活做教育）为行动指南，以立德树人为根本任务，根植于广大教师、学生的实际需要，全方位实施"激励教育"，全面实施"全员导师制"，全心全意服务于教师学生成长，将党员干部发挥模范引领作用内容具体化、显性化、目标化，激励全体党员干部和广大教职职工"不忘初心，砥砺前行"，为党育人，为国育才，努力为培养社会主义合格建设者和可靠接班人而拼搏奋进，形成了"敢为人先，担当超越"的良好氛围。

**二、牢固树立"魅力教育"理念，办好人民满意的教育**

知所从来，思所将往。"北实"近十年发展，以开放的胸襟拓展国际视野，牢记肩负的实现中华民族伟大复兴的历史使命，敢字为先、干字当头，勇于担当、善于作为，以"踏平坎坷成大道，斗罢艰险又出发"的顽强意志，创造了"魅力教育"这一金字品牌，书写了灿烂的历史：创建了魅力教育思想体系；组建了北京实验学校教育集团；锻造了一支学习型、合作型、创新型、专家型、实战型"五型"干部队伍；构建了以师德高品位、专业高学识、科研高水平、工作高成果、能力多方位等"四高一多"为目标的教师培养机制；基本建成了现代学校治理体系；办学条件得到了根本性改善；十五年一体化课程建设取得重要成果；全员、全面、全过程"三全"科研助力学校快速发展；魅力课堂成为全国课堂改革样本;"五育并举",激活精气神,塑造真善美;百年校庆影响深远;家校共育工作开创新局面;办学质量取得重大突破;社会满意度调研位列海淀前茅;魅力教育普适品牌实现有效迁移。

学校相继被评为"海淀区新品牌学校""北京市基础教育课程建设先进单位""京城最具加工能力领军中学""北京市身边好学校""全国科研兴校先进单位""中国好老师行动计划基地校""中国魅力学校""京城教改创新领军中学""特色发展最具影响力学校""全国科学教育实验基地""国家级教育体制改革试点项目——基础教育课程教材改革试验项目学校""全国中学教育科研联合体学校""中国基础英语素质教育实验基地""教育部人文社科重点研究基地""北京市中小学艺术教育特色学校""北京市教育科研先进校""北京市基础教育课程教材改革实验先进单位""北京市高中课程改革样本校""海淀区示范性普通高中"等荣誉称号,学校的办学成就得到上级领导和社会各界的高度认可与广泛赞誉!

### 三、奋力推进"普适品牌"迁移,促进城乡教育的均衡

魅力教育是笔者在三十多年的基础教育改革探索中所发现的基本规律,笔者经历过县级、地级城市、省会城市、京城等各层次学校的教育探索,又经历了幼儿园、小学、初中、高中各学段的教育改革试验,提出了魅力教育新理念。魅力教育的核心内容是:构造"一方池塘",服务孩子"自然成长";点燃"一束火焰",启迪孩子"自己成长";敲打"一块燧石",引领孩子"自由成长";推开"一扇大门",促进孩子"自觉成长"。魅力教育已经成为一种可迁移、可普遍推广的教育,北京实验学校(海淀)已成为真正的"普适品牌"。

作为党和政府创办的优质学校,促进教育均衡发展,让远郊区县的孩子接受优质教育,让"普适品牌"有效迁移、责无旁贷。2015年6月,在时任北京市委教育工作委员会苟仲文书记等领导的支持下,海淀区教育委员会与平谷区教育委员会签署了《关于合作建设北京实验学校(海淀)的框架协议》,我校与平谷区教育委员会签订《平谷区教育委员会与北京实验学校(海淀)合作办学协议》,开始承办北京实验学校(原平谷六中)、北京实验学校附属中学(原平谷二中)、北京实验学校附属小学(原平谷四小)、北京实验学校附属幼儿园

（原平谷七幼）4 所学校，由笔者兼任 4 所学校法人，成立北京实验学校教育集团，开启了城乡合作、集团一体化办学的新征程。

6 年来，北京实验学校教育集团以魅力教育理念为引领，以一体化发展为目标，坚持立德树人根本任务，全面推进以课程改革为核心的学校教育改革，构建符合标准的现代学校课程体系、管理机制和服务保障系统，不断提升干部、教师的课程理解力、研究力和执行力，凝心聚力，同心同德，提速提质，圆满完成了集团顶层设计的"一年起步、两年小见成效、三年大见成效、五年建成平谷品牌学校"发展目标。

北京实验学校附属幼儿园先后被评为北京市示范园、全国五四红旗团支部、北京市辛勤育苗学前教育工作先进集体、平谷区巾帼榜样先进集体、平谷区幼儿园书香校园、平谷区社区儿童早教示范基地。

北京实验学校附属小学结合区情、校情、学情，形成了"桃宝"评价特色，促进了学生的全面、主动、健康多元发展。桃宝特色评价经验荣获平谷区立德树人教育成果一等奖，并两次在全市基础教育论坛上做典型经验介绍。学校先后被评为"全国珠心算实验校""全国青少年校园冰雪运动特色学校""北京市冰雪项目特色学校""北京市奥林匹克教育示范学校""平谷区科技教育示范学校"。

北京实验学校附属中学精心打造"绿苑文化"。学校教育教学质量逐年提升，并先后被评为北京市科技示范校、艺体示范校、一校一品体育特色校，冰雪项目运动特色校、青少年科学调查体验活动孵化学校，北京市中小学体育运动协会理事单位。中国教育电视台先后 2 次采访，并受邀到北京电视台《天天向上》节目做艺体科技课程专题介绍。

北京实验学校以魅力教育、民族教育和艺体教育为发展特色，构建多元课程建设，丰富研学与社团活动，促进学生多元发展，学校高考成绩连年攀升。先后荣获了"全国中小学中华优秀文化艺术传承学校""中国科学院中国科普博览示范基地学校""北京市基础教育学生综合素质评价先进单位""国防教育示范校""首都民族团结进步先进集体""民族团结进步创建示范单位"等多项荣誉称号。

"魅力教育"大放异彩,有效改变了远郊区县的教育面貌,让远郊区县的孩子享受优质教育资源,全力促进教育优质均衡发展,努力办好人民满意的教育,得到了北京市、平谷区领导、群众的广泛赞誉。

追寻红色记忆,激发奋斗精神。"河海不择细流,故能就其深。"无论时代怎样变化,社会怎样发展,我们都要时常缅怀这段历史,从中汲取力量。站在"两个一百年"历史交汇期上,在"北实"新百年的开局之年,"北实人"将铭记"香山精神",在魅力教育理念的引领下,全面开展十五年基础教育综合改革实验,全面探寻中国现代化基础教育普适规律,为中国当代基础教育发展提供鲜活样板,为推动中国基础教育发展做出重要贡献,不断推进学校实现跨越式、高质量发展,创建中国基础教育现代化的卓越新品牌,到2026年把学校建成"国际水准、中国示范、北京领先、海淀窗口"的中国魅力教育卓越普适品牌!让魅力教育之火点燃基础教育改革之灯,引领中国基础教育发展,用"香山精神"启迪智慧,砥砺品格,不断创造"北实"魅力教育新辉煌!

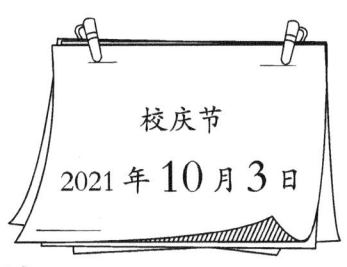

校庆节
2021年10月3日

## 百年香慈传伟业  十载魅力创辉煌

  时维十月，胜似春朝，团团翠深红聚，纷纷海山佳处。"秋风吹不尽，总是玉关情"，在喜庆新中国成立71周年日子里，在决胜全面建成小康社会、决战脱贫攻坚即将圆满收官，时光正在见证中国共产党和中国人民创造发展奇迹的时候，我们沐浴着新时代的清风，怀揣着魅力教育的梦想，迎来了学校的百年华诞。

  2020年注定是一个特殊的年份，面对重大突发公共卫生事件，我校认真贯彻党中央和市区领导的要求，坚持人民至上，生命至上的理念，把初心落在行动上，把使命担在肩膀上，始终把师生的安全和身体健康放在第一位，坚决做好学校疫情防控工作，充分体现了"北实人"的政治品格和责任担当。

  2020年是具有里程碑意义的一年，更是脱贫攻坚决胜之年。前不久，我国独立自主建成世界一流的全球卫星导航系统，并提供全球服务，实现了北斗的"全球梦"；2020年，我们将全面建成小康社会，实现第一个百年奋斗目标；"十三五"规划主要指标符合预期，已圆满收官，这必将进一步将推动中国经济行稳致远，不断推进国家现代化建设迈向高质量发展。

  "忧国者不顾其身，爱民者不罔其上"，爱国是人世间最深沉、最持久的情感，是一个人的立德之源、立功之本。因此，作为一名"北实人"，我们首先要有一颗中国心，要把爱国当成一种信仰，熔铸在自身的血液里。人生的意义，只有在服务于国家、贡献于社会的奋斗中，才能得以彰显。教师的家国情怀和对学校的担当作为，根植于对伟大祖国和中华文化的深刻理解，来自于对国家制度和民族文化的深厚自信与深沉热爱。凝望中华民族五千年壮阔的历史画卷，我们总是能够从中获得启迪，并不断思索如何为有限的人生，赋予永恒的意义。汉代史学家班固曾说："爱国如饥渴"。早在19世纪末，我们的老校长熊希龄先生就强烈要求变法维新，并撰写了《军制篇》，被时人评为"中国改革新军的经典"。熊希龄还在长沙创办时务学堂，创办《湘报》，以推动变法维新。作为清末维新运动的重要成员，他险些陪同"戊戌六君子"成为血洒长街的第七位"君子"。1913年，熊希龄当选为民国第一位正式内阁总理。然而，他却最终选择教育作为他最重要的奋斗目标，并将全部家产捐献给了平民教育事业。面对中国"割地赔款，豆剥瓜分"的危机，熊希龄带着拯救中华的使命，考察西方列强的兴国之道，确立了"大为强国保种之谋，小为育子克家之计"的教育立国理念。强国，志在凭借培养人才以改变中国备受欺凌的状况；保种，志在借助教育维系中华民族的优秀文化基因，弘扬中华民族屹立于世界之巅的精神。这充分展现了熊希龄先生深沉的家国情怀和责任担当！

"百年春华秋实，千万桃李芬芳"，2020年10月3日，就是我们学校最隆重的节日——校庆节。作为"香慈人"，我们何其有幸能够与之际遇相逢；作为立新人，我们又何其有幸能够随之承前启后；作为"北实人"，我们又何其有幸能够为之锦上添花！秉承百年历史，积淀源远流长。北京实验学校，原名香山慈幼院，一百年前的今天，1920年10月3日，由著名慈善教育家熊希龄先生创办于香山静宜园，开创了中国近代慈善教育的先河。香山慈幼院首创幼、小、中、职一体化教育体系，打造学校、家庭、社会三合一的"慈教航母"；实施德智体群四育，全面培育爱国公民；倡导社会互助理念，培养自强自立精神；最早推行职业教育，特别注重学以致用；重视社会群体教育，养成良好生活习惯；大力实行因材施教，办成全国模范学校，香山慈幼院为国家培养了大批人才。香慈从社会的土壤中发源，在庙堂与江湖的缝隙里蜿蜒，它用慈悲与良知，抚平这片大地的创伤。它自艰难曲折中诞生，披肝沥胆，在这片荒草与荆棘之中，踏出了一条大爱之路。在我们博爱悲悯的老校长熊希龄先生面前，在香山静宜园的漫山红叶间，守护住了一片大爱与救赎的净土。熊希龄在弃政从教后，从战略的高度，研究如何办好教育，提高全民族素质。从为政府赈灾到办慈善教育；从找政府贷款到自己捐出全部家产；从办幼稚园到办各类教育；从课程的选择到改革创新，都是以国家的需要和学生的成长为出发点，先生的这种品质正是新时代"北京精神——爱国、创新、包容、厚德"的写照。从"百年香慈"到"魅力北实"，熊希龄先生"面向社会，全面育人，追求高水平教育"的平民教育思想，始终成为今天"北实"魅力教育不断创新发展的强大动力。百年路漫漫，学校三易其名，两迁其址，数代教育工作者笃志办学，潜心育人，弦歌不辍，历久弥新。

一部香慈史，浓缩了波澜壮阔的中国近现代历史画卷；数代耕耘者，谱写了中国平民慈善教育的壮丽诗篇。从顺直赈灾到静宜园建校，从初创发展到战略转移大西南；从敌后办学到战后恢复，从香山亲舍到钓鱼台畔新建校园。一代代香慈人，坚守着"教育为国之大本"的理念；一届届毕业生，流淌着爱家爱国、自强不息的精神源泉。不能忘，熊希龄毁家纾难、知行合一的献身精神；要牢记，莘莘学子沐浴成长、报效祖国的铮铮誓言！拳拳初心，薪火相传！

立新人经历了十年动荡的迷茫和考验，最终传承香慈体制，成为北京市唯一一所集幼、小、初、高于一体的公立示范学校，并逐渐发展为海淀区规模较大、教学质量过硬、教育独具特色的学校。特别是改革开放以后，教育教学与时俱进，学校领导引进先进教育理念，进行了系列主题培训，大大地提高了办学水准，硕果累累。尤其是大规模的校舍改建，使学校硬件设施更为完善，校园环境更加优美，生机勃勃，使香山慈幼院再度焕发了青春。立新时期的教师们辛苦耕耘近半个世纪，培养出一批又一批优秀毕业生，他们为立新的发展奋发图强，他们延续了香慈的文化血脉。

从"百年香慈"到"魅力北实"，站在历史的新起点，特别是近十年来，"北实人"继承发扬"爱国为民、慈善平等、兼容并包、全面育人"的香慈精神，独创"魅力教育"，秉承"健康、明礼、乐学、创新"的校训，在"勇于担当、善于超越"的"北实精神"的激励下，形成了"构造一方池塘，服务学生自然成长；点燃一束火焰，启迪学生自己成长；敲打一块燧石，引领学生自由成长；推开一扇大门，促进学生自觉成长"的"四自"办学理念。进行十五年一贯制教育改革综合实验，探究幼小初高可资借鉴的普适规律。以"孩子向往、教师幸福、社会满意"为办学宗旨,实施战略管理,创新人才培养模式,推进治理体系和治理能力现代化,推动了75项魅力教育教学管理改革,有48项获得全国、市、区一等奖,努力培养具有"北实精神、中国灵魂、国际视野"的现代人。

在过去的一年中,在全体"北实人"艰苦奋斗和不懈努力下,学校工作取得跨越式发展,魅力教育在市区乃至全国产生了重要影响。魅力教育品牌已经形成。

大学之道在明明德,人而无德行之不远。我们始终要把立德修身放在第一位,把个人梦想汇入新时代的洪流之中,把个人梦想与魅力教育的"北实梦"、中国梦结合起来,让蓬勃青春与家国情怀共振,让生命因知识渊博而厚重,让生命因思想深邃而延伸。希望全体老师们实现跨界发展,成为事业型、研究型、复合型、专家型教师;同学们要惜时如金,勤奋学习,勤于实践,乐于反思,善于积累;在"撸起袖子加油干"的新时代召唤下,老师们要做好陪伴、表率和引领,用奋斗赢得尊敬,用业绩证明自己;同学们要百折不挠、永不止息,以梦为马、激情奋斗,不断超越前者,在"北实"舞台上尽情绽放!墨子说过:"志不强者智不强",一分信心,一分努力,一分成功;十分信心,十分努力,十分成功。

一百年的香慈、立新、"北实",经过百年洗礼,浸润岁月流岚,你在改革创新中进步,近十年来,你铸造了一片辉煌的天地!

《易》曰:"无平不陂,无往不复。"回顾过去,我们豪情满怀,展望未来,我们信心百倍。"至诚至精、爱国为民。勇于担当,善于超越",是从"百年香慈"到"魅力北实"、从"慈善教育"到"魅力教育"跨越百年的精神回响。我们充分挖掘百年老校深厚的历史文化底蕴,继承香山慈幼院的办校理念,以教育全球化的视野,以"魅力教育"为特色,在市区各级领导的关怀下,在社会各界的支持下,新时代的"北实人",意气风发,与时俱进,协同创新,携手奋进新时代。为党和人民的教育事业奋勇拼搏,不断实施与推进十五年一体化魅力教育,把打造魅力教育普适品牌的"北实梦"与实现中华民族伟大复兴的中国梦融为一体,我们一定能够实现"海淀窗口、北京领先、中国示范、国际水准"的办学目标,创造更加适合学生发展的魅力教育,创建中国基础教育现代化的卓越品牌!